怖い話を
知り尽くした
18人が語る
舞台裏と実体験

怪談屋怪談《かいだんやかいだん》

川奈まり子

笠間書院

怪談屋の前口上「出た！ 見た！ 書いた！」

皆さんご存じのとおり「来た、見た、勝った」は戦いに勝利したカエサルが述べたとされるが、怪談屋が「キタ！」だの「視た！」だのと騒ぐのは心霊現象が起きたときと相場が決まっていよう。

ちなみに我々が「出た」と言ったら、十中八九はオバケが現れたという意味である。

出て喜び、視て小躍りし、隙あらば書く。そんな怪談稼業について十年という節目の年に本書を上梓できることを運命だと言ったら、怪談脳の誹《そし》りを受けるだろうか。

思えば、老舗紹介、商品の宣伝コピー、デザイン専門誌のルポ担当、ギャンブル雑誌の記者、自分史代筆、成人向け雑誌のコラムやエッセイ、官能小説と手当たり次第に書き散らして三十年。節操のないモノカキ歴の果てに私がたどりついたのが、怪談だった。

一冊書いたら、幸か不幸か執筆や口演の依頼が舞い込んで、捕らぬ狸の皮算用とばかり熱心な貧乏性があだとなり断らずに全部受けた。ほどなく世にも恐ろしい怪談道の全貌が見えてきたが、書くと言ったら書かねばならぬ。退《ひ》くに退かれぬ状況に陥って、現在に至る。

本来、怪談は、私ごとき凡才の手には余るのだ。

なにしろ一口に怪談と言っても、実話系も創作も、能楽・講談・落語で古くから親しまれてきた古典怪談もある。ホラー小説やSF小説も広義の怪談だ。公表する手段も、書いてよし語ってよし。おまけに怪談と関わる学問は文学のみならず、民俗学・宗教学・歴史学・神話学・心理学・精神医学と多岐にわたる。

おわかりいただけるだろうか。あな恐ろしや、攻略し尽くすには人の寿命では足りぬ！実際、今もまだ道半ばだ。すでに五十路も後半とあっては、道を究めるなら吸血鬼に噛んでもらうか人魚の肉を喰らって延命するしかないではないか……。

せめて少しでも要領よく学ぶために、先達と天才から知恵をちゃっかり授かりたい。

そう願っていた矢先に、このたび、怪談に関わる人々の実話怪談集を書かせていただける運びとなった次第だ。

私の力不足で、取材対象者は総勢十八名に絞らざるを得なかった。取材しなかった諸先生方に対しては、ひとえにページと予算の都合です、と、ご理解を求めたいところだ。

怪談と聞いて誰もが思い浮かべる作家と語り部のみならず、我々の源流とも言うべき伝統芸能の担い手や占い師、怪談の現在を支える映像監督やプロの演者をインタビュイーとして選んだ。言うまでもないがすべて実在の人物で、全七章、もれなく実話である。

尚、各章のテーマに沿った私の体験談的な怪談も七編、章ごとに入れさせていただいた。

とりあえず、一冊の中の一編でもお愉しみいただければ、怪談屋冥利に尽きるのである。

目次

CONTENTS

怪談屋の前口上「出た！見た！書いた！」……2

語る 一 Storyteller

語らざれば憂いなし……8

1 あみ（怪談家）……24

2 牛抱せん夏（怪談師）……34

3 城谷 歩（怪談師）……44

4 村上ロック（怪談師）……54

書く 二 Writer

丑三つ時の取材レポート……66

5 中山市朗（怪異蒐集家）……76

6 深津さくら（怪談師）……86

7 吉田悠軌（怪談・オカルト研究家）……96

集める 三 Collector

妖しい贈り物……108

8 桜井館長（怪談図書館）……118

9 早瀬康広（都市伝説蒐集家）……135

怪談 怪談屋 怪談

撮る 四 Director

スタジオ奇談 …… 144

10 鎌倉泰川（プログラムピクチャー系映像監督）…… 154

11 夏目大一朗（映画監督）…… 164

占う 五 Fortune teller

言霊と占い …… 176

12 島田秀平（怪談師）…… 186

受け継ぐ 六 Inheritor

むじな、化け猫、四谷怪談。…… 198

13 一龍斎貞寿（講談師）…… 208

14 満茶乃（かたりべ）…… 221

15 柳家花ごめ（噺家）…… 231

出る 七 Performer

人外魔鏡 …… 242

16 津村聡子（能楽師）…… 252

17 まつむら眞弓（俳優）…… 262

18 北野誠（タレント）…… 272

納め口上「幕引き」…… 284

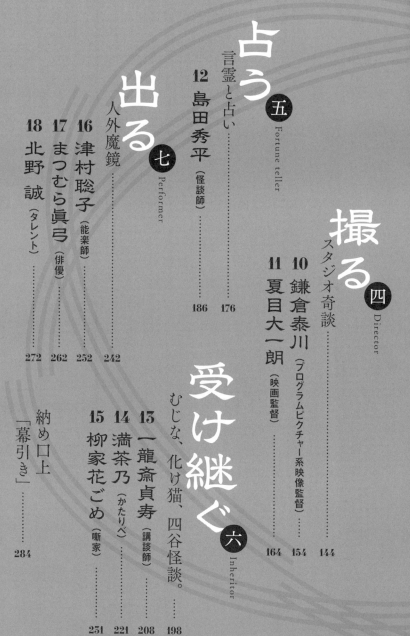

怪談屋怪談

一

語る

Storyteller

Storyteller

語らざれば憂いなし

諸説あるがもっぱら白隠禅師《はくいんぜんし》の言葉として伝えられる「不語似無愁（語らざれば愁い無きに似たり）」という言葉があって、浅学の徒である私は長年これを「備えあれば憂いなし」と「雉も鳴かずば撃たれまい」を掛け合わせたような意味だと思い込んでいた。

つまり「口外しなければ悪いことは起きない」といった、あたかもヤクザの脅し文句のようなのを想像して、白隠さんはこわもてだったのかと早とちりしたわけだが、当然違った。

これには「君看雙眼色（君みよ双眼の色）」という上の句があり、さらに読みは同じ「うれい」でも、憂は心配なことや悩みごとを指し、愁は悲哀を示す。

従って「あなた、私の眼をご覧なさい。何も言わなければ悲しみを抱えてなどいないように見えるでしょう」という意味深な言葉になって、澄んだ瞳に悲しみをたたえた静かな人物の姿が思い浮かぶのである。反語的に、彼の悲哀は深いに違いないとわかる、という。

またひとつ賢くなってしまった。

物を知る余地にだけは不自由していない。呆れられても仕方がないが、これについては少し言い訳させてほしい。日頃、怪異体験談を蒐集していると、「語らざれば憂いなし」といった種類の話に出遭うことがある。だからこそ生じた勘違いだったのだ、と。

――語ると怖いことが起こる。

そう。たとえば、四年ほど前に電話取材に応えていただいた置屋のご主人の、こんな話だ。

彼の家は福島県の旧湯本町で古くから置屋を営んでいた。

私より何歳かお若い人だが、その辺りには、昭和以前の遺物が近年まで残っていたようだ。

「小学校の頃は、炭鉱跡や坑夫の宿舎などが近所にあって、遊び場になっていました。宿舎なんか、今思えば不気味な廃屋でしたが、だからこそ心を惹かれて、幼馴染の同級生三、四人と、怖いもの見たさもあってよく行きました」

こんなとき、電話の向こうの声に私は全神経を集中させる。

声には色や肌触りがある。感情の変化が如実に現れるのだ。

彼の声は、のどかで柔らかく、ひなたの雰囲気が漂い、少し楽し気であった。

子ども時代の幸せなノスタルジーに浸っているに違いなかった。

「肝試しをしたり？」と私は調子を合わせた。

彼は「ええ、でも」と軽い笑いを含ませて言った。

「みんなで窓の中を覗き込んで『怖いね』と言い合う程度でしたけどね。ビビリだったのもあるけど、学校の先生にあの建物は古くて危険だから入るなと注意されていたんですよ」

先生の言いつけをちゃんと守る、素直な子だったのだ。

置屋の跡取り息子といえば、噺家の故・桂歌丸がそうで、少年時代は「若」と呼ばれていたという。私は、大切に育てられたお坊ちゃんのささやかな冒険談を勝手に予想した。

だが、そこから急に彼は声を低めて、不穏な感じに調子を強張らせた。

「小四か小五の頃、僕たち、そこで変な奴に追いかけられたんですよ。自分のことなのに僕はすっかりそのことを忘れていて、つい先日、当時から仲が良かった地元の友人に、こないだ息子が遭ったオバケの話をしたら、『服装がまったく同じだから、あいつだろう』と言われて、ようやく思い出したんですが」

「あいつ？　不良か、さもなければ変質者に追いかけられたんですか？」

「いいえ。男の子です。廃坑の跡地で遊んでいたら、薄汚れた白いランニングシャツとやけに短い半ズボンを着て、野球帽みたいな庇のついたキャップをかぶった六、七歳の男の子が近寄ってきて……。その子から、僕たち自転車で逃げたんです」

「何かされたんですか?」

「いえ、特には何も……。でも知らないヤツでしたし、服装や何かが、なんだか何十年も前からタイムスリップしてきたみたいで……」

「異質な感じがしたんですね」

「ええ。おそらく今の僕なら、昭和時代の炭鉱の子どもだと思ったんじゃないかな」

つまり幽霊だ、と。

少し調べてみると、旧湯本町の炭鉱には、いわく因縁が散見された。

子どもの亡霊と直接関係があるとは思えないが、昭和十年にはここの入山《いりやま》炭鉱ではガス爆発事故が発生、四十八人が亡くなる大惨事となった。

また、入山炭鉱には、繰り返し朝鮮人の男女が連行されてきたという。日本人炭鉱夫の暮らしも苛酷だったが、彼らの処遇はさらにひどく、管理者による私刑も横行した。

戦時中には食糧配給が削減され、数千人の朝鮮人鉱夫とその家族は飢餓に苦しめられた。

苛酷な生活環境に耐えかねて脱走した者もあったが、捕まれば拷問が待っていた。

アジア問題研究所が刊行した『故郷はるかに 常磐《じょうばん》炭礦の朝鮮人労働者との出会い』という書籍に、衆人環視のもとで火箸で指を焼く、石を抱かせて打擲《ちょうちゃく》するといった見せしめが頻繁に行われていた旨が載っていた。そうしたことが終戦まで続いていたのだ。

「あの子は、周りの景色から浮いていました。外見こそ生きた人間のようでしたが、僕たちとは絶対に違う……痩せて垢じみていて、目つきが鋭くて……何も言わないし……。僕らは後ずさりして、逃げ出したんです。そしたら、追い掛けてきました。それが信じられないぐらい足が速くて……」

彼らは無我夢中で自転車を漕いだが、謎の少年が息も荒げず長い距離をついてきたので、それまで感じていた違和感が黒く凝って膨らんだ。

「恐怖、でした」

しかし、人通りが多い町なかに差し掛かると、少年はにわかに姿を消した。

「そうは言っても、気づいたらいなくなっていただけで、煙のように掻き消えるところを見たわけじゃありません。駆けっこが得意な子だっただけかもしれない。汚い格好から推して何かかわいそうな事情があった可能性があります。……まあ、よくわかりませんが、僕たちが小さな子を仲間外れにした事実だけは揺るぎなかったんですよね」

たぶん彼は、罪悪感を打ち消すために忘れてしまったのだ。

人は無意識にそういう選択をする。いじめっ子は忘れ、いじめられた子は恨みつづける。

炭鉱跡の怪しい少年も、彼を恨んでいたのだろうか？

三十年近い時を経て、彼のそばに現れたところを見ると。

「そいつは昔と同じ姿で僕の息子に会いに来たんですよ」

——盆の入り日で、この春小五になった彼の息子が通う小学校は夏休みのさなかだった。

蝉しぐれの降りしきる黄昏どき、地元の同級生宅から自転車で帰る道すがら、奇妙な少年が、前方にある電柱の陰から半身を出して、じっとりした視線を向けてきた。

自転車のペダルを漕ぐ足を速めて電柱の方へ近づくと、そいつはチッと鋭く舌打ちをして電柱の陰に隠れた。

舌打ちされるような覚えはない。厭なヤツ。それに、知らない顔だな。

ひとこと言ってやろうと思って、彼は電柱の裏を覗き込んだ。

だが、そこにはすでに姿が無く、逃げ足が速いな、と、すぐに探すのをあきらめて先を急ぎ、道のカーブを曲がった。

そこへ、再びさっきの少年が現れた。

両手を広げて通せんぼのポーズをし、彼に向って不敵なニヤニヤ笑いを浮かべてみせた。

大きな違和感を彼は感じた。

いったいどうやって先回りしたのだろう？　ここは一本道なのに。僕は自転車なのに。

汗が一気に冷え、ドキドキしながら少年の横を通り過ぎた。

すれ違う瞬間、また舌打ちされた。

今度は怖くて構っていられなかった。まっしぐらに家を目指してペダルを漕ぎに漕いだ。

しかし、道を曲がると、また物陰から例の少年が飛び出して、通せんぼされた。

帰るには、この子の横を通るしかない。

目を合わせないようにして通り過ぎた。……舌打ちが聞こえた。

やがて、また忽然と現れた。通せんぼ。すれ違いざまの舌打ち。

これが何回も繰り返された。彼の膝はともすれば震え、漕ぐ足が何度も止まりそうになった。

しかし止まればあの子に何をされるかわからない。

死に物狂いで進むうち自宅の屋根が見えてきた。小さな希望が胸に灯った。

だが彼はすぐに絶望に打ちのめされた。

門の前にあの子が立ち、両腕を広げて通せんぼをしていたのだ。

泣きわめきながら玄関に駆け込んできた息子に妻は驚き、何があったか問い質した。

「門のところにまだいるかも！　怖かった！　手を広げてるあいつの横をすり抜けて走ってきたんだ！」

彼女は息子から一部始終を聞くと、まずはドアを薄く開けて外のようすを探った。

誰もいなかったが、安心はできなかった。

置屋には、昔から験《げん》を担ぐ気風《きふう》がある。

彼女が思ったのは、今日が盆の入り日だということだった。不吉の影が胸をよぎり、夫である彼、つまり私のインタビュイーのスマホに彼女はすぐに電話した。

妻から報告を受けた彼も、よりによって盆の入りに……と、真っ先に思った。

わざわざ今日を選んで出現するとは、悪霊に違いない。すぐに厄《やく》を祓わなければ、家内に不吉をもたらす——そう考えた彼は、仕事から帰る途中で、かねて付き合いのある古刹に立ち寄り、住職にお札を書いてもらった。

お札を息子の部屋に貼り、住職に教えられたとおり、玄関や庭先に盛り塩をした。今朝は苧殻を焚いて祖霊を迎えた玄関、家庭菜園の胡瓜を息子と摘んだ庭だった。

その胡瓜や茄子でこしらえた精霊馬を飾った仏壇に、家族で手を合わせた。

それから囲んだ夕食の席では何事もなかった。

だから安堵していたのだが、深夜突然、室内飼いの愛犬が、二階で激しく吠えだした。

二階には子ども部屋があり、息子がベッドで眠っている。

駆けつけてみれば、いつもはおとなしい犬が、何も無い壁の一角に向かって、四肢を蹴立て、よだれの泡を飛ばして喧《やかま》しく吠えていた。

そのかたわらで、息子が死んだように眠っている。

犬は、名前を呼んでもおかまいなしで、両手で耳をふさぎたくなるほど騒ぎ立てている。

それなのに、息子は微動だにせず、目覚める気配すらないのだった。

まさか息をしていないなんてことは、と、思わず気が動転した。

そのとき、彼と妻の背後から、チッと舌打ちする音に次いで悔しそうなつぶやき声が。

「もう少しだったのに……」

小学校低学年ぐらいの男の子の声だった。

直後、妻が部屋の電気を点けた。途端に犬が啼きやみ、息子が目を覚ました。

その晩は、久しぶりに、夫婦で息子を挟んで川の字になって寝た。

翌朝、盛り塩を見に行くと、踏みにじられて平らになっており、そこに小さなゴム底の靴跡がくっきりと残っていた。


——と、こんな出来事があり、彼はしばらくして、呑み屋でこれを酒の肴にした。

「地元のスナックで、気の置けない連中と集まっていたときです。会話しているうちに、なんとなく思いついて、この話をしたんですよ。本当にあった不思議なことって、怪談にしちゃうと、怖さが薄まるような気がしませんか?」

「わかります」と私は答えた。「ただの怪談噺《かいだんばなし》として他人が消費するところを確認すると、記憶している過去の出来事と現在の自分の間にある距離を実感できますものね」

「そう! そのとおりです! だから僕は誰かに聞いてもらいたかったんですよ。ちょうどいい機会だったから話した。ほとんど予想どおりの、わかりやすい反応でした」

「『わーっ、怖ぁい』って?」

「そうそう。でも、僕らの席についてくれていたホステスさんだけは、『嘘ばっかり』って鼻で嗤《わら》ったんですよ。馬鹿にした態度を隠そうともしなかったな」

「頭から否定したがる人は、人一倍怖がりなんですよ。それにしてもちょっと失礼ですね」

「でもね、ちょっといい気味というか……後日聞いたことですが、彼女、それから数時間後に恐ろしい目に遭ったんですって。帰って寝ていたら金縛りになって、気づけば枕もとに汚れたランニングシャツに半ズボン、野球帽みたいなキャップという格好の男の子がいて、冷たい手で彼女の腕を掴んで、ジッと顔を覗き込んだんですって！」

私は「わーっ、怖ぁい！」と反射的にありがちなセリフを吐いた。

彼は「ですよねぇ」と相槌を打ち、こんな一言で話を締め括った。

「だからね、これって、聞いた人のところに〝出た〟実績がある話なんですよ！」


——だったらまた出るか否か試してみたいものだ。

そんな悪戯心を起こした私は、これを深夜の生配信番組で披露した。

すると、出演から一日と経たず、私のもとに幽霊が現れた。


深夜、ひどく喉が渇いて目が覚めた。

昨日出演した番組は夜遅くから午前三時頃まで、丑三つ時の生放送だった。

朝早く帰宅し、急いで就寝して正午に目を覚ますつもりが、ふだんはそんなことはないのに、どういう加減かこのときに限って日暮れどきまで熟睡してしまい、お蔭でずっと夜が続いているような心地がしていた。

こうなったら徹底的に怠けてやろうと思い、本とスマホをベッドに持ち込んで横になったのが午後十時。いつ眠ったのかわからなかったが、スマホの時計を見ると、間もなく零時になるところだった。

喉の渇きは無視できないほどひどく、仕方なしに私は起きて台所へ行った。

そして、冷蔵庫から出したペットボトルのミネラルウォーターをコップに注ぎはじめたそのとき——急に玄関の方から物音が聞こえてきた。

ドアを開けて三和土《たたき》に入ってくる硬い靴音。かすかな衣擦れ。下駄箱の上に、金属製のキーホルダーに通した鍵束か何かを、叩きつけるように置く音。

夫は出張中で明日まで留守の予定だが、何かわけがあって帰ってきたのかもしれぬ。

「あなた?」

呼びかけても返事がなく、そもそも夫はキーホルダーをガチャッと乱暴に置く性質《たち》ではないと思い至った。

それに、あの人は夏はゴム底のサンダルしか履かないが、さっき聞こえたあれは、革靴が立てる音だった。底が硬くて足音が響きやすい、フォーマルな紳士靴だと思うが……。

私が立っていた位置から、玄関ホールとリビングルームを隔てるドアが見えた。

台所から差す明かりがかろうじてそこまで届いていて、戸板をぼんやり照らしている。

それが、ギギギ……と、いつになく軋《きし》みながら開くのを、私は見た。

玄関ホールは真っ暗で、誰かがいるようすではなかった。

しかし何者かが、そこから歩いてこちらへ向かってくる足音が……。

薄暗いリビングルームを突っ切って、台所の横の廊下を通り過ぎ、夫婦の寝室の方へ。

今、私の前に出るならあれだろう。

汚れたランニングシャツを着た少年。

そう予想していたのだが、廊下を歩いてきた者は、痩せた年輩の男だった。

七十代ぐらいで、夏用の喪服と思われる、薄手の黒いスーツを着ていた。ボタンを外した上着の裾が軽そうにひらめき、ソックスに包まれた骨っぽい爪先までくっきりと見えた。

彼の喪服に染みついた線香の匂いが廊下に水脈を引いた。生きているかのような自然な姿と存在感だった。

早足で歩み去るのを、呆気に取られて見送った。

どれほど経っただろう……。長く感じられたが、実際には一分と経たず、私は気を取り直して、こわごわと廊下に出てみた。

喪服の男はおらず、開いた寝室の戸口から明かりがまぶしく溢れていた。

起きたときに私自身が電気を点けたときのまま、室内に変わったところは見受けられなかった。誰もいない……。

家じゅう隈なく点検してみたけれど、不審な点は発見できなかった。下駄箱の上に鍵束は無く、玄関の鍵は掛かっていた。書斎やベランダ、息子が留学してから私の衣装部屋と化している元子ども部屋にも、何ら異常が無かった。

今夜はもう眠れない、と私は覚悟した。こんな怪奇現象を目の当たりにしてしまって。

ところが、寝室に戻ってから一時間と経たないうちに睡魔に襲われたのだった。

嗜眠病《しみんびょう》に罹ってしまったかのようにぐっすり眠り、午前三時に再び目覚めた。

今度は電話のベルに起こされたのである。

書斎で固定電話が鳴っており、咄嗟にスマホで時刻を見て不安になった。

八王子の実家で暮らす両親は、いずれも八十歳を過ぎた高齢だ。

三ヶ月前に親戚の女の子がたった十七歳で自死を選んだことも、おのずと思い出された。

あるいは、出張中の夫か、留学中の息子の身に、何かあったのかもしれない。

喪服を着た男の幻を見たことは、不吉の前触れだったのではあるまいか？

電話はまだ鳴っていた。オバケより身内の不幸の方がよっぽど怖い。

でも、なんにせよ報《しら》せを受けなければいけない。

私は身を起こしてベッドサイドの照明器具を点灯させた。

——そこで意識がいったん消失して、気づくとベッドの脇に横たわっていた。

左半身が、たまらなく痛い。特に左肩。肩先から腕をもぎ取られたかのようで、右手で恐る恐る左腕を触ってみずにはいられなかった。幸い腕はちゃんと付いていたが、脈打つ激痛に支配されて身動きが取れず、しばらくそのまま倒れていた。

そこへ、今度こそ本当に夫が帰ってきた。

「ただいま。おっ、どうした？　大丈夫か？」

全然大丈夫ではなかった。

痛みもひどかったし、それに、抱え起こされてベッドの端に座ったとき、いつもベッドから下りる側ではないところに倒れていたことがわかると、さらに困惑が深まってしまって。

理性を掻き集め、「電話、掛けた？」と、かろうじて夫に尋ねることができた。

「いや、掛けてない。眠っているだろうと思ったから」

急遽、今夜の用事がキャンセルされたので、出張に同行していた部下の車で家まで送ってもらったのだという。

私の左肩は見事に骨折していた。

病院から帰って一息つき、少しぐらいなら仕事ができそうな気がしてきて書斎に行くと、そこにある固定電話が目に入った。

この電話を取ろうとして起きた。そこまでは記憶がはっきりしている。

旧式の固定電話だが、本体に着信履歴が残っているはずだ。怪我で気が動転して、今まで思いつかなかったが、誰が掛けてきたのか確かめられる……と思ったのだが。

着信履歴が消去されていた。しかも、古いものまで一つ残らず履歴が消えていたのである。

——この出来事を、私はまた人前で話した。

骨折から一ヶ月半ぐらい後、渋谷の劇場で怪談イベントが開かれた。私を入れて四人の演者が順繰りに怪談を披露した後、中入《なかい》りを挟んで、司会と出演者全員で公開座談会をした。

その席上で私は、例の語ると〝出る〟怪談の顛末《てんまつ》を披露したのだ。

話が終盤に差し掛かり、「なんなら、今もまだ折れているんですけどね」と冗談めかして言いながら客席を見渡したとき、真ん中辺りの通路際にいる女性が記号的なまでにわかりやすい驚愕の面持ちで、まばたきもせず私を見つめていることに気がついた。

怪我までメシの種にする私の商魂逞《しょうこんたくま》しさに呆れ返ったにしても、そこまでビックリするようなことだろうか……と、やや不思議だったが、この謎は終演後に解けた。

公演の反響をSNSで見ていたら、観覧者の投稿の中に、こんなものがあったのだ。

《座談会で川奈さんがお話ししているとき、黒い服を着た男の人が後ろから来て私の横の通路を勢いよく駆け抜けたのですが、私以外は誰も反応しないし、舞台に近づくにつれて透明になっていったので、この世のものではないと気がつきました》

それは半ば透きとおりながら舞台に飛び乗ったように見えたが、私にぶつかる寸前で空気に溶けるかのように完全に消えてしまったのだという。

――そういう次第で、ここまでお読みになった貴方《あなた》のもとにも怪しいものが訪れるかもしれないが、もしも出てしまったら、どうぞ私にお知らせを。

大丈夫。語らざれば憂いなしなどと言っても、憂わしいかどうかは気の持ちよう。

生者の真理は、むしろ語り合うが吉で、「語らわば憂い（愁い）なし」だと私は思う。

ちなみに骨折は完治して、今日もすこぶる元気である。

Storyteller

怪談家

あみ

Ami

Kaidan-Ya

1

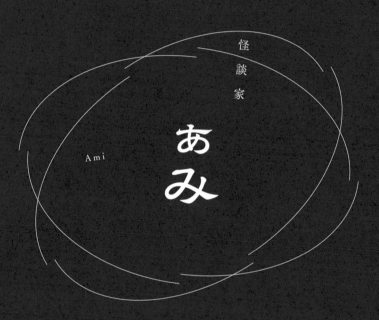

Profile

ぁみ

怪談家。１９８２年9月29日生まれ。山口県宇部市出身。

「"怖い"を楽しもう！」をスローガンに、怪談の新しい形の演出や楽しみ方に挑戦。

Zepp や O-EAST にて日本最大級の怪談エンタメライブ「ありがとうぁみの渋谷怪談夜会」主催。自身初の全国ツアー「ありがとうぁみの全国怪談夜会ツアー２０１７」では全国15公演でチケット完売の大成功を収める。以降、毎年開催。

さらに２０２２年には怪談史上初の「怪談夏フェス」、渋谷にて３会場４ステージ同時開催の怪談サーキットフェス「HORROR TELLER FESTIVAL 2022」（通称ホラフェス）を開催。

その他、MCとしての活動も多く、イベントや番組など年間約１００本出演している。

YouTube「怪談ぁみ語」「霊話」、ニコ生番組「渋谷怪談夜会ch.」などでも人気。書籍や漫画原作などでも活躍。『レイワ怪談』シリーズをはじめ著書多数。

２０１８年に催された「稲川淳二の怪談冬フェス 怪談最恐戦 怪凰決定戦」で一位となり、怪談最恐位「怪凰」を勝ち取った他、怪談関係の受賞歴も数多い。

怪談家ぁみ
オフィシャル

怪談ぁみ語
（YouTube）

怪談家ぁみができるまで

Road to Kaidan-Ya

ぁみの肩書「怪談家」は、語り部《べ》だけに収まらない活動範囲の広さを表している。

怪談をポップに押し上げる革命的な大規模イベントを主催、あらゆるメディアに進出して、怪談が関わる全ジャンルを網羅。そんな彼だけが持つ、今のところ唯一無二の称号だ。

故郷は瀬戸内海に面した山口県宇部《うべ》市。風光明媚な上にインフラが整った人気の町だ。

集合住宅の四階で生まれ育ち、宇部空港を飛び立つ飛行機をよく窓から眺めたという。

そこは社会人軟式野球で鳴らした父の会社の社宅だった。取材時は家族仲の良さがうかがえるエピソードをたくさん聞いたが、中でも御父君に関する話が多かった。

「父も高校野球・社会人野球の選手でした。父のトロフィーが家じゅうに飾られていて、誇りに思っていました。人柄も最高なんです。優しくて気配りが凄くて。僕が里帰りすると地元の友人たちがうちに来るんですけど、みんな僕をダシにして親父に会いに来ている節があります」

そんな父の背中を追って、ぁみは野球の道へ進んだ。父の母校で高校野球の名門・宇部商業高等学校に入り、野球部で四番のエースに。将来を嘱望された選手だった。しかし……。

「タイムマシンで戻れるものなら、二〇〇〇年の七月二十九日をもう一度やり直したい」

その日、夏の全国高校野球大会の県大会決勝戦が開かれていた。

「迎えた最終回、一点差で負けていたところへ僕がヒットを打って逆転のチャンスが訪れました。でも、あと一歩のところでホームベースが踏めなかった。残念ながら甲子園には行けませんでした」

野球についてはやり切ったと思い、卒業後は専門学校で介護福祉士の国家資格を取得、二十歳から数年間、介護福祉士として働いた。

そして介護士の傍ら芸能事務所の養成所に入り、二〇〇五年四月に芸人デビュー。

怪談で成功する宿命か、早くもその年の夏に事務所主催の怪談ライブに出演した。

子どもの頃から、ぁみは怪談が好きだった。

出逢いは小一か小二の頃の夏に読んだ低学年向けのコミック誌の怪談。そこで魅力に目覚め、さらに、小六のとき参加した保護者同伴のキャンプイベントでも、将来を予兆するような体験をしたという。

友人の父親が、予告なく子どもたちのテントを順繰りに巡って、怪談を聞かせたのだ。

遠く離れた場所のテントからどこか楽し気な悲鳴が聞こえ、それがだんだん近づいてくるときの期待感。安全な場所で聴く怪談の怖さと面白さ、終わった後まで尾を引く高揚感。

「悲鳴を上げた後は、みんな笑顔でした。ジェットコースターから降りてくる人も笑顔。同じことなんです。一人で大勢にエンタメを届けたオジサンは、僕のヒーローになりました」

非日常のドキドキこそエンタメの神髄。今後さらに怪談ファンの裾野を広げて、全国のみんなの笑顔が見たいと言う怪談家ぁみと一緒に、さあ、〝怖い〟を楽しもう。

玄関の子ども

ぁみ

世間には、老い先短いお年寄りの世話をする仕事を、何か陰気なもののようにイメージしている人も多いようだ。介護の仕事にはキツい汚いといった負のイメージがつきまとい、その割に薄給だと義憤を駆られてくれる向きもある。

しかしながら、ぁみは、介護福祉士の国家資格を取得して働きだしてからこの方、嘘偽りなく楽しんで働いていた。

福祉専門学校を卒業後、新卒で採用された老人福祉施設にも不満は無かった。

だから、そこを辞めて芸人の道を歩みはじめたために「介護士になったのは食べていくためで本来やりたかったわけではないのだろう」と誤解されるのが厭だった。

そうではないのだ。介護の仕事は天職だと確信していた。

でも、芸人としても、怪談を武器に、独自の道を切り拓いていこうと思っているのだ。

自信は、あった。女子校生の集団を怖がらせた芸人だけがオンエアの権利を手に入れるテレビ番組のオーディション企画で、毎回勝ち残っているのは自分だけだ。

事務所が主催する夏の恒例怪談イベントでも、いつも評判がいい。

介護の仕事は好きだが、ただ、芸人の仕事は時流の波に乗って出られるときに出なければ、次のチャンスがいつ巡ってくるかわからないものだ。

一方、介護福祉士の資格を持っていて、心身が健康であれば、いったん辞めても再就職の道があるのが介護職だ。

とりあえず今日も、木枯らしが吹く下町の路地を歩いて仕事場へ向かう——。

「おお、よかった！　今日はぁみちゃんだ。嬉しいねぇ」

「こんにちは佐藤さん。そんなふうに喜んでもらえると、僕も嬉しいですよ」

「おうよ、指名制度がないのが残念でなんねぇよ。俺は毎回ぁみちゃんがいいんだから」

上京してから、出演の合間に働くために介護士派遣事務所に登録した。

佐藤さんは、派遣先の顧客の一人。ぁみを気に入り、行くたびに良い笑顔を見せてくれる、八十歳の独居老人だ。

登録した事務所には、人気介護士に仕事が集中するのを防ぐために指名制度がない。そのことを口惜しがる客は佐藤さんだけではなかった。

中にはお世辞も混ざっていようが、よく褒められる。一八〇センチを超える元球児の膂力《りょりょく》と足腰の強さが、入浴介護や体位変換のときに格別の安心感をもたらすからだろうか。

話すことも苦にならない。芸人であること以前に、生来、人懐こい方《ほう》なのだ。

「近頃、朝晩冷えますね。後で暖房器具を出しましょう。膝とか痛くなりません?」

「イテェなんて言い出したらキリがねえ。なんなら昨今はなんでも高くて出費が痛いね」

江戸っ子の佐藤さんの口からは、噺家みたいな軽口が当意即妙に飛び出す。

向こうも好いてくれているが、ぁみの方でも佐藤さんとは馬が合うと思っていた。

東京の下町に建つ、アニメ『サザエさん』の家に似た古い一戸建て。今は佐藤さん独りが住んでいるが、かつてはここに妻子がいて、磯野家のようににぎやかだったはずだ。

「よう、近頃はテレビに出たかい?」

「昨日の夜〇〇テレビに出ましたよ。こないだ来たときに言ったじゃないですか」

「ありゃ。いけねぇ、忘れてた。ごめんよ。次はぜってぇ観るから、紙に書いておいてよ」

「すぐに次があればいいんですけどねぇ……。僕の同期のオリラジさん、知ってます?」

「オリラジ? うん、聞いたことがあるような気がする。それがどしたい?」

「すでに売れっ子なんですよ。うらやましい」

「オリラジさんはイイ男なんだろうな。だけど、ぁみちゃんも男前だぜ」

「よく言われます」

「いやマジで。世話を焼いてくれてるとき、凄くイイ顔してんだよ。楽しそうに仕事してるときのぁみちゃんは、恐ろしくイキイキして魅力的なんだ。ましてや芸人は夢なんだろ? もっと楽しそうに、もっと魅力をキラキラ振り撒いて、やってるはずだ。世界一男前な顔でさ。

だから心配すんな。絶対に人気が出る。俺も応援してやっからよ。腐らずに頑張れ」

「師匠、ありがとうございます！」

「ウム。精進せい」

佐藤さんは頭の回転が速くて口もよく回るが、足が弱く、介助なしでは風呂に浸かることができなかった。

「江戸っ子は三度の飯より風呂が好きと相場がきまってる」と言っていたのでシャワーだけでは気の毒に思い、ぁみは訪問する都度、温かい湯を浴槽に張って、入浴を手伝っていた。

入浴介助をしながらも、しきりに会話をした。

それぞれに孤独な二人である。東京で孤軍奮闘する若者と、連れ合いに先立たれた老人と。

言葉が途切れると静寂が降りる。静けさを押し返すために必死にしゃべっているようでもあった。

「ジジイになってしぼんじまったが、こんなもんでも、ずいぶん女を泣かせてきたんだぜ」

「うらやましい。東京の女の人は冷たいです。全然振り向いてくれません」

「それは電柱と間違われてるんだな。ぁみちゃん背が高ぇから」

「カンベンしてくださいよ。師匠、どうやったら男として認めてもらえるんですかね？」

「自分を磨け。漢《おとこ》を磨いて磨き抜いて、あっちから振り向かせるようにせにゃイカン」

「一朝一夕にはいきませんね。とりあえず今は佐藤さんのお体を磨かせてもらいますよ」

高齢ではあったが、佐藤さんは元気だった。

冬が深まるにつれ前にも増して風呂をありがたがるようすだったが、他には別段、変わったところは見受けられなかった。

寒い朝のこと。人気のない路地を歩いて、佐藤さんの家に行くと、門から玄関までの地面に霜柱が立っていた。郵便受けから新聞を抜いて、それを片手に、玄関の引き戸を開けた。

「おはようございます。ぁみです」と三和土に立って、うなぎの寝床のように奥に長い家の奥へ呼ばわった。

まもなく佐藤さんが壁に手をつきながら現れた。あいかわらず足の調子が悪そうだ。

「ぁみちゃん、いらっしゃい」と顔をほころばせたところまでは、いつもどおりだった。

しかし、ツイッと視線をぁみの左の方へ泳がせて、こんなことを言った。

「おい、坊主。どっから来た？　ひとんちに勝手に入ってきちゃダメじゃないか」

幼い子どもを優しく叱る口ぶりで、ぁみは慌てて自分の左隣や後ろの方を見回した。

それほど佐藤さんの態度は自然だった。眼差しの高さも四つか五つの男の子の背丈に合っていた。けれども、子どもなど影も形もなかった。さっき後ろ手に閉めたばかりの引き戸を開けても誰もいない。

ぁみと佐藤さんの二人きりだ。それなのに。

「坊主、お父さんとお母さんは？ 帰りたくねぇのか？ 悪さして怒られたのかい？」

「佐藤さん！」と、ぁみは焦って話しかけながら慌てて靴を脱いだ。

「お風呂、入りましょう！ 寒いから冷えたでしょう。早くあったまりましょう！」

いつもはそんな真似はしないが、体で押し返して、そこから老人を遠ざけようとした。

こんな怖いことは早く終わりにしたかった。しかし上がり框に足を乗せた途端、ぁみにも幻覚が伝染して、何者かの視線が背中に突き刺さったような気がしてきた。

おまけに佐藤さんが去り際に玄関を振り向いて「そこでおとなしくしていろよ」と言ったものだから、振り返ったら自分にも見えるに違いないと思い、帰るときになっても三和土で子どもが待っていたらどうしよう……と、すっかりと心細くなってしまった。

幸いそれから佐藤さんの家を去るときまで何もなかったのだが、夜、派遣事務所から佐藤さんの訃報が届いた。別れてから半日しか経っていない。

おそらく、死の前兆は子どもの姿を借りて老人のもとを訪れたのだ。

使者の姿は、若いぁみの目には映らなかった。彼は独りでこれからの長い人生を戦うことを想い、老いたる友を悼《いた》んで、静かに涙した。

Storyteller

怪談師

牛抱せん夏

Ushidaki Senka

Kaidan-Ya

2

Profile

牛抱せん夏

怪談師。1979年5月26日生まれ。
2010年、関西テレビ「怪談グランプリ2010」にて優勝を果たし、怪談師として活動開始。

幼少期に祖母や親戚に語り聞かされた怪談噺や自らの体験、取材を元にした実話怪談を中心に、舞台やメディアで発表をしている。

近年では古典怪談、子ども向けのお話会、怪談本の執筆にも精力的に取り組むほか、YouTubeチャンネル「この世の裏側」を開設。

老若男女問わず、どの世代にもわかりやすく馴染めるコンテンツ作りに挑戦している。

牛抱せん夏
オフィシャル

この世の裏側
（YouTube）

竹書房怪談文庫

牛抱せん夏の故郷は永久に

Road to Kaidan-Ya

思想信条の土壌という意味での牛抱せん夏のバックボーンは、長野県の鄙《ひな》びた村にある。

「私の心の故郷です。どこにいても川のせせらぎが聞こえる清流と温泉の村でした。三歳で千葉に引っ越してからも、祖父母の家があったので、夏休みや冬休みに帰っていました。そのたびに祖母が、昔その家や村で起きた怖い話を聞かせてくれたのですが、話の中に祖母自身が登場することも多かったものです」

この環境が幽霊への親和性を自然に育んだのだろうか……。

彼女は、小二のときテレビで『四谷怪談』を観て、伊右衛門はじめ悪党を退治する正義のスーパーヒロイン・お岩さんに憧憬を抱いたという。また、小学生時代は母方の伯父にねだって買ってもらった幽霊画の本で図版を眺めつつ解説を読みふけった。

一方、次第に演劇に傾倒していったというのだが、それも、例のテレビで観たお岩さんに魅了されて役者になりたいと思ったとのこと。

道のりは容易ではなかった。演劇部には母の反対により入部できず、夢を追って高三で芸能事務所のオーディションを受けるも、あえなく落選。

それでもあきらめず、東京都内のインテリアの専門学校に進学後は、毎日のように原宿でスカウト待ちをした。念願叶って、二十一歳で大手エキストラ事務所からスカウトされ、当初は実家から通いでバラエティ番組の観覧やドラマの通行人役をしていたが、次第に決意が固まり、ある日とうとう「役者になります」と両親に宣言して実家を飛び出した。

ちょうど、人気テレビ番組『奇跡体験！アンビリバボー』の再現ドラマに幽霊役で出演した頃のことだった。その後もオカルト番組で幽霊や妖怪を演じつつ俳優養成所でレッスンを受け、二十八、九歳で劇団に入り、映画にも出演し……と役者修業を積んでいたところ、ホラー映画『ひきこさん』の怨霊モンスター・ひきこさんを演じることになった。

偶然その撮影中に怪談師の登竜門的テレビ番組『怪談グランプリ2010』の存在を知ってエントリー、見事優勝を果たした。

同年から怪談師として始動、着実に地歩を固めて今に至る。

現在の境地を聞いた。

「私の怪談会に来た子どもたちが、ずっと後になって『そういえば、あの夏、図書館に怖いおねえさんが来て怖いお話をしてくれたなぁ』と想い出してくれたらいいなと思います。初めて怪談を聴く人に、心揺さぶられる世界があることを知ってもらえたら……」

その世界は〝この世の裏側〟に息づいている。

かつての祖母のように、今度は彼女が子どもたちを導いてゆく未来が見える。

怪の円環は、かくも優しく美しい。

うつぼ人形 ―― 牛抱せん夏

彼女が岐阜県靭屋《うつぼや》町の空穂屋《うつぼや》を訪れたのは、怪談師になって一年目の夏のことだ。

初めて店名を聞いたときには、正直、変わった名前だと思わずにはいられなかった。

咄嗟に魚類のウツボを思い浮かべてしまったのである。

それにまた、字が違うのに読み方は店名も町名も「うつぼ」なのが面白かった。

聞けば、靭屋町の旧名が空穂屋町だったとのこと。

空穂は古語で葱《ねぎ》を表し、靭は矢入れ具のことである。

しかしいずれも、空虚なるものを意味する「うつぼ」に通ずる。

うつぼの代表的な表記は「空」で、空は旧《ふる》くは「うつ」とも読んだ。

よく知られた例は、ご存じ『源氏物語』の第三巻『空蝉《うつせみ》』。空蝉は蝉の抜け殻の古い呼び名である。本体が留守になった状態をよく表している。

――さて、件《くだん》の空穂屋はどんな店かと言えば、葱とも蝉ともまったく関係がなく、古い町家を現オーナーがリノベーションしたカフェであった。

去年、開店したばかりだというが、古民家カフェは昨今そう珍しくもない。

しかし空穂屋は、家屋が国の登録有形文化財に指定されている点が特別で、そのためオープン早々から何度かマスメディアで紹介され、地元の評判が高かった。

なんでも、明治創業の紙問屋の店舗や作業場と主家《しゅか》の住居を兼ねた建物だそうで、構造は俗に「うなぎの寝床」と言われる典型的な京町家に近い。だが、百四十坪と建坪が大きく、通り庭と呼ばれる長い土間、茶室、土蔵などを有しているのだという。

――この店で、お盆の時季に合わせて怪談を披露してほしい。

そんな依頼を請けたのである。

開演当日の数週間前、会場となる店を下見させてもらえることになった。

昼下がりに暖簾《のれん》をくぐると、すぐに年輩の女将《おかみ》さんに出迎えられた。

まずは一階のカフェに通された。

「ここを怪談の会場に、と、思っているのですが如何ですか」

定員は四十人あまり。調度品が西欧アンティークで統一されており、大正ロマン調の趣が漂っている。室内は冷房が効き、椅子を並べ直して小さなステージを設置できるとのことで、独演会の会場として申し分なかった。

せっかく来たのだからとコーヒーを注文して、その場で小一時間、打ち合わせをした。

和《なご》やかに話していたのだが、終盤で、女将さんが妙なことを言いだした。

「二階に、開かずの間があるんです。丁稚《でっち》さんが亡くなった小部屋で、紙問屋やった頃から封印されとったそうなんですよ。そこに〝わらしちゃん〟が三人いて、私共もふだんは閉め切っとるんですけど、お盆の間は開けておこうかと思っていたところで……。怪談会のお客さまなら不思議なものがお好きでしょうし……。今、ご案内いたしますね」

さっそく連れていってもらうと、蒲団部屋の出入り口と思われる古びた引き戸の前で女将さんが立ち止まり、スイッと足もとを手で示した。

戸板に背中を凭《もた》せ掛けて、おかっぱ頭をした大ぶりな抱き人形が三体並んで座っている。

「こちら、鈴香さん、綾野さん、雪野さん。うちでは、三人まとめて〝わらしちゃん〟と呼んでいますけど」

彼女は、やや戸惑った。さきほど女将さんが開かずの間に三人いると説明したときには、てっきり、部屋に封じ込められた座敷童《ざしきわらし》のことだと思ったのだが。

女将さんはそしらぬ顔で話を続けた。

「部屋を封印する原因になった丁稚さんは、流行り病に罹ったのか折檻されたのか、とにかく、閉じ込められたまま、ここで息絶えてしまったと言い伝えられています」

座敷童が三人。人形も三体。そして死んだ丁稚は……一人とは限らないのでは？

過去の悲劇、そして座敷童と人形とに、妖しい繫がりを見い出さずにはいられない。

人形は空ろだ。抜け殻だ。空であるからこそ霊魂の依代《よりしろ》たりうると古来より信じられ、呪物として用いられてきた歴史を持つ。

と、そのとき女将さんがブルッと全身を慄《おのの》かせたかと思うと、顔をまじまじと覗き込んできて曰く。

「あら大変。今すぐ神社にお参りにお行きんさい。行けばわかりますから、急いでね」

――何が何やらわからぬうちに、追われるように店から出されてしまった。

土地勘のない場所であるにもかかわらず、いくらも経たず鳥居を見つけたが、これを好運と呼んでいいものなのか。見えない力に導かれたかのように参道を歩き、本殿を参詣した。まだ御神体は何かも知らないまま、二礼して柏手を打つ。

思いがけず良い音が境内に木霊した。そばから、清らかに澄み切った空気が胸いっぱいに満ちた。洗われたように気分が晴ればれとし、景色まで明るんだように感じられる。

行けばわかると言ったのはこのことか。

きっと、開かずの間の前で悪いものが憑いたのだ。

あの女将さんには霊感があって、早く祓うように勧めてくれたのに違いない。

……だとしたら、祓われずにいる「わらしちゃん」は不吉なものではないのだろう。

いよいよ公演当夜になった。

長い時を越えてきた建物は明かりを点けても室内の随所に陰影を残し、封印を解いた開かずの間には、人形たちを座らせた華やかな祭壇がしつらえられていた。

怪談会にふさわしいお膳立てが揃っており、語りはじめは順調であった。

ところが。

「ちょっと突っつかないでもらえます？　それとも私の背中に何かついているんですか？」

「そんなことしてません！　……でも奇妙やな。私も肩をツンツンやられたところです」

まだ序盤だというのに、こんな騒ぎがいたるところで起きはじめたのである。

次第に騒然としてきて、怪談に耳を傾けるどころではなくなってしまった。誰かが座席の間を歩きまわって悪戯を仕掛けているようだ。

いったい誰のしわざか、と、仄暗い客席に目を凝らしたら、奇妙なものを見つけた。

——手。

客席の中央付近、人々の頭よりも五、六十センチ高い空中に、ほっそりした人差し指を垂直に立てて、四本の指を軽く握った、蒼白い右手が浮かんでいた。

思わず、指差された天井の一点に視線を向けた。

すると彼女に釣られて、前の方に座っていた十人ばかりの客たちも頭上を振り仰いだ。

皆の視線が天井の一点に集中した直後、そこからドタドタドタッと足音が降ってきた。

遊び盛りの子どもが三人ばかり駆けまわっているかのような、にぎやかな……。

そのとき、女将さんが静かにせん夏のそばに来て、「上には誰もおりません」と含みを持たせた声色で耳打ちした。

人ではなく解き放たれたものたちが騒いでいるのに違いなかった。

なぜなら、ここは開かずの間のちょうど真下にあたるのだから。

読者さんは「これは牛抱せん夏さんが怖がる場面だ」と思われたかもしれない。

だが、よく考えてみてほしい。実は、人形という空ろに納まった子どもらの魂が、はしゃいで遊んでいるだけのことなのである。

だから彼女はむしろ落ち着きを取り戻して、怪談を再開したのであった。

やがて客席の混乱も鎮まり、気づけば二階の騒音も止んでいたのだという。

あれから十年以上になるが、空穂屋の人形たちは今も大切にされている。

祓われたようすもないので、彼らに限っては空（うつぼ）ではないと思われる。

Storyteller

怪談師

城谷歩

Shirotani
Wataru

Kaidan-Ya

3

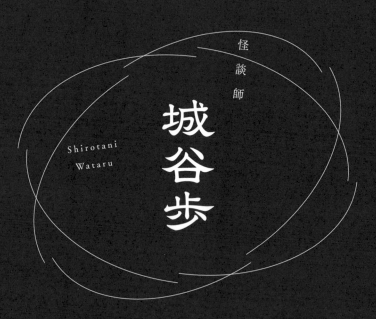

Profile

城谷歩

怪談師。１９８０年2月16日生まれ。北海道小樽市出身。

15歳で舞台演劇の道に入り、２０００年～２０１１年まで劇団の主宰を務める。

２０１２年、怪談師デビュー。

落語や講談・弁士の語りを独学我流に研究し、ノスタルジックで独特な語り口「城谷節」を確立。

老若男女問わず広く皆が楽しめる怪談のあり方を求め、日々研鑽を積んでいる。

各種イベント、ライブ、口演会への出演・開催に加えて、メディアへの露出、怪談本、ＤＶＤ、ＣＤのリリースなどの実績多数。

怪談師としての口演回数は、現在までに延べ一万回以上。

保有話数は実話・古典を合わせて４００話を超える。

城谷歩
オフィシャル

城谷怪談 城谷の世界
（YouTube）

聞いてすぐ城谷節怪談
（YouTube）

城谷歩は挫けず語った

Road
to
Kaidan-Ya

満州出身で外国貨物の甲板員だった父は、ギャンブルに明け暮れて身上をつぶした。

両親は十歳のときに離婚して、歩と二つ下の弟は母と共に母方の実家である伯父の持ち家で暮らしていた。

雪国小樽の貧しい母子家庭。彼は給付型の奨学金を獲得して高校に進学した。さらに、学費のみならず生活費まで稼ぎながら大学でも学び、ほぼ全単位を三年までに取得した。

彼は努力家だった。その頑張りは全方向に及んだ。お蔭で、スキー、水泳、球技などスポーツは何でも巧みにこなしたし、落語も得意だった。

八歳の誕生日に母から贈られた落語本で独習を続け、中学校に上がる頃には教室で一席ぶつたびに隣のクラスから生徒のみならず教師まで彼の噺を聴きにくるほど上達した。

また、高校の演劇部で芝居に目覚めると、二十歳で座長として自分の劇団を起ち上げ、主宰・脚本・演出・出演とマルチにこなした。ちゃんと勉強しながら、である。

自堕落な父を反面教師にした結果、彼は生真面目な努力家になった……はずだった。

アルバイト先で先輩に促されてパチンコを打

ったのが運の尽き。蟻の一穴天下の破れで、たった一発でパチスロ中毒に陥ったかと思うと、借金地獄の奈落の底へ真っ逆さま。

一年足らずで貯金二百万円を溶かし、手当たり次第に町金融から金を引っ張った結果、借金が数百万円に膨らんだ。当然、家に督促が来るようになり、結局、母にバレた。

勘当を言い渡され、家を叩き出されたとき、彼は二十二歳。

大学を休学して札幌で就職し、正業に就いた。地道に借金を返済しながら劇団を続けた。

だが、三年後、母が倒れたという知らせを受けた。だから小樽の家で看病するために退職したのだが、間もなく母は息を引き取り、家は取り壊しが決まっていた。

無職で寒空に放り出され、親戚の勧めで自衛隊に入隊した。生来の頑張りを発揮して幹部候補と目されるまでになったが、演劇の夢をあきらめきれず、一年で自衛隊を辞めた。

劇団だけが生きがいだったのだ。しかし道は険しく、三十一歳で解散すると、団員の居場所を奪っておきながら自分だけ演劇を続けることはできないと悟って、あきらめた。

——この挫折が、彼を怪談師にした。

劇団を畳んだ翌年、奇しくも父の訃報が届くのと前後して、知人に紹介された札幌の怪談ライブバー・スリラーナイトで最初期の語り部になると間もなく評判を取り、以後、東京の支店も含めて二〇一二年から約五年半同店に在籍。

その後も人気は鰻のぼりで、怪談師となった城谷歩の全国を股に掛けた活躍ぶりは、怪談ファンなら知らぬ者はない。

「怖いばかりではなく、怪談には、ホロリとさせる人情噺も、哀しい話もありますよ」

彼の滋味深い名調子〝城谷節〟は、山あり谷ありの半生で流した汗と涙の結晶なのだ。

禁忌の始末——城谷歩

ことの顛末を記すとすれば、歩が小三のときのコックリさんから始めなければならない。

当時、平仮名を書きならべた紙と十円玉でやるこの占いが、クラスで流行っていた。

質問すると、人差し指を軽く乗せただけの十円玉が紙の上で動きだす。十円玉が止まった文字を連ねると、意味のある言葉になることがあり、それがコックリさんの御託宣《ごたくせん》という寸法だ。無邪気な遊びなのだから、嘘だのインチキだのと野暮なことを言ってはいけない。

その日、放課後の教室の片隅で、彼は三人の友だちとこれに興じていた。

たわいない質問を交互に出し合ううちに誰かが、「この中にコックリさんが嫌いな人はいますか?」と尋ねた。

すると「あとでわかる」という答えが得られた。

コックリさんに嫌われている子は誰だろうと思っていたら、深夜、彼のもとへ異形の獣が訪れた。

金縛りになって目が覚めると、部屋の奥に常夜灯の薄明かりに照らされて白い仔牛のようなものが四本足で立っていた。

のっしのっしとこちらへ歩いてくる。

逃げ出したいが身じろぎすらできない。脂汗が噴き出し、悲鳴が喉で膨らんだ。

とうとう枕元で立ち止まった姿を見上げると、仔牛ではなく巨大な犬である。

そいつがクワッと牙だらけの口を開けた途端、彼は恐怖のあまり気絶した。


「後でわかるというのは、そういうことだったんですよ。僕が嫌われていたんですね」

二〇一二年、札幌市すすきの。怪談バー・スリラーナイトの店内は閑古鳥が鳴いていた。

客はまだ一人も来ない。宵の口では仕方ないか……。

しかし観客がなくてもステージ料は出るし、照明や音響も本番通りにやってくれる。新装開店からまだ間がない店の誠意に応えて、歩は真剣に語りを披露した。

途中、枕が終わり、これから本題へ、というタイミングでマイクが壊れてしまったときも中断しなかった。

舞台に立ったからには最後までやりおおせるのは、演劇人だった頃からの彼の信条だ。

十五のときから芝居で鍛えた声は、マイクなんぞ無くとも、店内の隅々まで届く。

舞台裏の小部屋にいるスタッフや、出入り口で客を待っていた店長にもしっかりと聞こえていた。

語り終えると、スタッフが飛んできて、マイクを点検した。

「変ですねぇ」と、しばらくしてスタッフは首を傾げた。マイクには少しも異常がなかったのだ。

歩も不思議に感じたが、些細なことだ。そのうち忘れた。

だが、次にこの話を語ったときも、そのまた次も……と、このネタを語ったときに限って、都合七回も同じように本編に入ると同時にマイクが死んだ。

他のネタのときは最後まで無事なのだ。二回目以降は観客がいた。それでも同じことが起きたから、常連やスタッフの間で「霊障かもしれない」と囁かれはじめた。

歩に言わせれば、あまり怖い話でもないのだが……。コックリさんのせいで本当に化け物を見たと頭から信じるほど、もう無邪気ではない。悪夢だったとするのが妥当な線だ。

店長らと話し合って、再び無観客で試したら何が起きるか試してみることになった。

「……あれはたしか小学校三年生のときのことです。ある日の放課後、友だちと……」

おや？　彼は内心首を傾げた。本題に入ってもマイクが生きている。

と、思ったそばから、客席の方で合皮のソファがギュギュッと鳴った。

ギュギュギュッ。この店のソファはいつも、客が身じろぎするたびにこんな音を立てる。

暗い客席に目を凝らすと、舞台から五メートルあまり先の壁際に人影が座っていた。

彼は店長かスタッフだと合点した。途端に、その人影が立ち上がり、天井に向かってグーンと伸びた。すぐに頭が天井に届いた。と思いきや、後頭部と背中を天井にすりつけながら頸部と上半身をさらに伸ばして、こちらに迫ってきた。

下半身は元の場所に残っている。頭の位置が舞台まで残り三メートルを切ると、長い首をグイーンと下げて、スポットライトの光の輪に顔を突っ込んだ。

その顔、幅は人並みだが、縦の長さは五十センチもあろうか。歩はムンクの「叫び」という絵を咄嗟に想起した。うぶ毛一本生えていない滑らかな皮膚が頭部全体を覆って、大蛇のような頸まで続いている。耳、目、鼻、口は人間のそれだが、肌の色は淡い灰色だ。

そんな顔が、カタン……と左に傾いた。次は右へ、カタン……。

それまで魅入られたように凝視してしまっていたが、長い顔がメトロノームのようにカタカタと左右に動きだすに及んで、ハッと我に返った。

逃げねば、と、そのとき舞台のかぶりつきに顔見知りの女性がいることに気がついた。

だが奇妙だ。高さ七十センチほどの舞台である。それと同じ高さに、仰向けになった顔面があった。生霊……？ たしかに彼女から好意を感じたことは度々あったが……。

彼は、体ごと後ろを向いて化け物たちに背を向けた。

「明かり点けて！」と大声で叫ぶと店内の照明が点灯し、すぐにスタッフが駆け寄ってきた。

「おかしな足音がしましたよね？ 城谷さんも聞きましたか」

足音どころじゃない、と、彼が答えるより早く、化け物がカタカタと長い顔を動かしていた辺りで床がトンと鳴った。

反射的に振り向いたところ、化け物たちは二つとも消えていたが、今しがた音がした所から舞台袖の方の壁へ向かって足音がトトトトッと軽やかに駆けていって……ドーン！

壁にぶち当たって轟音が鳴り、店中がビリビリと震えた。

建物に大型車が突っ込んだかのようだが、ここは七階建ビルの五階なのであった。


二年後、歩は六本木支店の起ち上げに伴って上京した。札幌から東京は遠く、月日が経ったことから、例のネタを話しても問題なかろうと思ったが、店で披露したら、客が翌日に大怪我をした。エスカレーターで見えない手に足首を掴まれて転倒し、膝が割れて骨が剥きだしになったというので、あの話は封印せざるを得ないと判断した。

……でも「語る度に怪異を呼んだ禁忌ネタがある」という話なら、どうだろう？

すすきの店で遭遇した化け物の話は怪談好きにウケそうだ。喉元すぎれば熱さ忘れるの伝で、過日の恐怖を忘れた彼は、卓付きでこれを話した。

怪談師をテーブルに呼んで話させる卓付きは顔なじみに人気がある。このときも、開店早々常連になっていた五十年輩の開業医から席に招かれた。

始めて間もなく、その医師は上半身を前後左右に揺すりはじめた。滝のように汗を掻きだすのを見て不安になり、語りながら医師の顔を観察すると、左右の黒目がちぐはぐに目の中を回っていた。心配しながら、それでもお終いまで話してしまった。

幸い、聴き終えると同時に医師のようすは平常に戻った。

「何もないですね。途中で女の子が騒いでいたが……。おや、女性客が見当たらないかな？」

「ええ。近くの席にはいらっしゃいません。それに、誰も騒いでなんかいませんでしたよ」

「うーん、今夜は呑みすぎたかな。『やめてやめてその話やめて』と五月蝿《うるさ》かったんだが」

医師は「また来ますよ」と言って帰り、一週間ほどすると、若い男を伴ってきた。

「彼はうちの病院の研修医なんですよ。こないだの話を聴かせてあげてくれますか」

今度は何も起きなかった。医師たちは上機嫌で帰っていった。

ところが、また一週間後に年輩の開業医だけが一人で来店した。そして歩を席に呼んで言うことには、あの翌日、研修医の青年がナースステーションで大声で笑いながら両目から涙を流しているところを発見され、精神科に入院してしまったのだという。

私がインタビューしたとき、彼は話をこう結んだ。

「話のピースを一つ抜いた上に演技的な語り節に乗せて、実話に虚の性質を持たせると、魔的な力が外れるのですが……当時は知らなかったものですから」

Storyteller

怪談師

村上ロック

Murakami ROCK

Kaidan-Ya

4

Profile

村上ロック

怪談師、俳優。１９７８年10月20日生まれ。北海道帯広市出身。
怪談師として、東京都新宿区歌舞伎町にある怪談ライブバー「スリラーナイト」で活動しながら各種メディアやイベント等に出演している。
俳優出演時は、村上ＲＯＣＫ名義を使用。俳優としては、主に白石晃士監督作品に出演している。

村上ロック
オフィシャル

ROCK ON AIR
（YouTube）

村上ロック
ROCK ON AIR GOODS

村上ロックのロックな鼓動

Road
to
Kaidan-Ya

北国の人には怪談好きが多い。幼い頃、盆や正月休みに親戚が集まるたびに「怖い話して！」と彼がせがむと誰かしら怪談を聞かせてくれた。だから、父の故郷の北見には眼球を探している幽霊がさまよっていたし、母が経営する保育園には狐が化けて出たのである。

心霊写真を見せてくれた同級生の家は、どんよりと空気が澱んでいた。次第に黄昏れてゆく子ども部屋。酒乱の両親と粗暴な兄に怯える友の眼は暗かった。

「ああいう情景や雰囲気が伝わるように怪談を語りたい。根底に人の心の歪みがあるからこそ生じる、表面的ではない怖さ。それこそが日本の怪談の怖さなのでは、と思います」

同居していた祖父は明治生まれで、木刀を枕元に置いて寝る癖があったが、孫を溺愛、彼が小学校をサボって一緒にテレビ時代劇を見ていても叱らなかった。

時代劇の影響で「武士の嗜みとして」小三で剣道を始めるも、般若心経を墨書した紙を祖父に竹刀に仕込まれたことが原因で、誰でも受かる三級の昇進試験を落ちた。

「打ち込んだ途端に竹刀の中から紙が飛び出したんです。それで失格になりました」

以来だんだん道場から足が遠のいてしまったそうで、中学でロックミュージックに開眼。

「同級生が学校に持ってきたエレキギターを見た途端あまりのカッコよさに衝撃を受けて、さっそく両親に買ってもらって練習しました。高二のときロックバンドを結成すると、人前で何かやりたいと思うようになりましたが、地元にライブハウスがありませんでした」

その後、大学受験に失敗して札幌の予備校へ。

実家を出て独り暮らしを始めると、すぐにコンノくんという親友ができた。下宿に遊びに来た高校時代の友人・ヤマモトくんとコンノくんも意気投合。三人で方々の心霊スポットを探検したり、日常の中で怪異に巻き込まれたり――彼の怪談でお馴染みの三人トリオのネタがこの時期に幾つも誕生した。

大学進学をあきらめて保育士の資格を取ろうとしていた二十二歳の頃、コンノくんに紹介された劇団の座長に誘われて芝居の世界へ。

「前はロックスターになりたかったけれど、今度はムービースターになりたいな、と」

野望を胸に二十八歳で上京。白石晃士監督と出逢い、三十歳のとき映画『コワすぎ!』シリーズに出演しはじめた。しかし生活は苦しくバイト漬けの毎日だったという。

「そんなとき、スリラーナイトの六本木店ができて、札幌時代からの知人・城谷歩さんに声を掛けてもらって出演しはじめたのですが……気づけば十年以上も経っていました」

心臓が鼓動（ビート）を刻むように、一日も休むことなく十年あまりも怪談を語りつづけてきた村上ロックのパフォーマンスは、まさに〝Rock On（最高）〟だ。

未だ完成しないと謙遜しつつ、怪談が一生の仕事になるだろうと彼は言う。

幽霊の質問　――　村上ロック

　怪談ライブバー・スリラーナイト歌舞伎町店は、その名が示すように新宿区歌舞伎町にある怪の不夜城だ。

　営業時間は、夜の七時から朝の五時まで。その間に怪談ライブを十回行う。一回あたり十五分と定められた上演時間に、新人はみんな苦労する。

　この道十年のプロ怪談師、村上ロックですら、最初のうちは制限時間を超過したり足りなかったりして、先輩に叱られたものだ。

　今では彼がこの店の最古参だ。四十代半ばという年齢を知った人には、たいがい驚かれる。怪談を語るときの彼のスタイル――黒い詰襟の学ランと制帽――の効果もあるだろうが、私服でも若く見られる。

「寒いせいか、今夜はちょっと空いてますね」

　話しかけてきたスタッフに「平日ですし」と軽く返しながら、彼は客席を眺めた。

男女のカップルと、男性が一人だけ。

店側の者は、スタッフ二名と怪談師の彼。三人ずつで人数が釣り合ってしまう。

たしかに今日は三月とは思えないほど冷え込みが激しい。夜になって風も出てきた。明日も仕事がある人が多かろう。こんな晩に遅くまで出歩くのは物好きというものだ。

と、そこへ、寒そうにコートの襟を立てて入ってきた客があった。

二十代半ばと思しき青年だ。

個性的な緑色のコートが、ツルリとした色白の顔に似合っている。

「いらっしゃいませ」

「あっ、村上ロックさんだ！　はじめまして！　愉しみにしてきました！　もうじき上演時間ですよね。よかったぁ、間に合って」

たいへん気さくな感じだ。スリラーナイトは初めてのようだが、後で話しかけてみよう。

彼はそう思いながらいったん楽屋に引っ込んで、舞台に上がった。

舞台中央の椅子に腰かけて、スポットライトを浴びながら客席を見渡すと、さっきの青年は三人の先客と並んで最前列に座っていた。

どうやら相当に人懐こい性格だと見えて、早くも打ち解けたようすで三人と会話していたが、彼が舞台の定位置に着いた途端、手にしていた水割りのグラスをテーブルに置いて居住まいを正した。

怪談を始めると、青年は小さな悲鳴をところどころで発し、山場では大声でウワーッと叫んで椅子から腰を浮かした。

実に良いお客さんである。

常連になってくれないかな、と、思いながら話し終えて、舞台を降りると、さっそく話しかけた。

「如何でしたか?」

「マジで怖かったです!」と青年は瞳を輝かせた。

「思い切って来た甲斐がありました。ラッパーの○○さんがラジオでスリラーナイトと村上ロックさんのことを凄く褒めていたんですよ。僕○○さんのファンで」

「ああ! ○○さんですね。たしかに、いらしゃったことがおありです。怪談がお好きだとおっしゃっていました。そうですか、ラジオで……。ありがたいなぁ」

「ええ。いい感じにお話しされていたから、僕も一度は来てみなくちゃって思って……。生で怪談を聴くのは初めてでしたけど、本当に怖くて面白かったですよ!」

「そんなふうに喜んでいただけて光栄です。○○さんにお礼を言わないといけませんね」

次の出番まで、まだ三十分以上あった。

他の客たちも交えて五人でしばらく会話した。青年は水割りをちびちびと啜り、終始、楽しそうに微笑んでいた。

そのうち、スリラーナイトで起きた怪奇現象のことが話題になった。

客のうちの誰かが「噂は聞いたことがあるけれど、本当なんですか？」と彼に尋ねたのだ。

「はい。すすきの店や前の六本木店でもたまにありましたし、この店でも、ございましたよ。トイレにはもう入られましたか？」

「いえ、まだ」と、例の青年が答えた。

「じゃあ、是非入ってみてください。トイレの天井から人形が吊るされているんですけど、その目が開いていたというお客さんが何人もいらっしゃるんです。硬い素材で最初から目を閉じた形に作られているので、開くわけがないんですけどね」

「怖ッ！　他にもありますか？」

「はい。ここは入れ替え制で、上演中は扉を二重に閉めます。外扉と内側の扉に挟まれた短い通路があることにお気づきでしょうか？　怪談を話している間は、あの通路には誰もいないはずなんですが……僕たち怪談師が舞台で話しはじめると、あそこを行ったり来たりする幽霊の足音が聞こえてくるという……。内扉の真ん前に会計のレジがあるので、スタッフが気がつくことが多いようです。通路にいる何者かが内扉の小窓から店内を覗き込んでいた、なんて話もありますよ。ここで働いている者なら、多かれ少なかれ、何かしら心霊現象を経験しているんじゃないかな」

「うわぁ。じゃあ、村上さんも？」

「ええ、まあ。何度か」

「幽霊って、どんなふうに見えるんですか?」

純粋な好奇心から出た質問なのだろう。青年は、子どものように無邪気な表情だった。

「幽霊ですか。一概には言えません。白い煙みたいなのもいれば、姿がはっきりしていることも……。同じ場所に居合わせても、見える人と見えない人がいる場合があるので、もしかすると、周波数のように、心の波長が合うと見えるのかもしれません」

「そういうものなんですね。……さて、僕はそろそろ帰らないと。とても楽しかったです。ありがとうございました」

青年が席を立つそぶりを見せたので、彼は出入り口の通路で待つことにした。

さっき話したばかりの怪しい足音がするという通路だが、会計を済ませた客が出てくるのをここで待ち、外扉を開けて差し上げて丁重に見送るということがよくあった。

すぐに出てくるだろうと思っていた。ところが、なかなか来ない。

内扉を開けると、レジのところにいたスタッフと目が合った。

「さっきのお客さんは?　お帰りになると言うから、お待ちしていたんだけど」

「こっちには、いらしていませんよ。トイレに行かれたんじゃありませんか?」

ありそうなことに思われた。しかし待てど暮らせど、青年は一向に現れなかった。

無銭飲食するような人には見えなかったが、念のため、もう一人のスタッフが厨房や非常口を点検して、逃げだしたり隠れたりしていないか確かめた。

そんな形跡もなかった。そこで客席に戻って、残っていた三人の客に青年がどちらに行ったか訊ねてみた。

すると、コートを持って立ち上がったところまでしか誰も憶えていないことが判明した。

青年が飲み干した酒のグラスは結露が乾き、氷がすっかり溶けていた。

固唾を呑むような沈黙が流れた。

トイレで倒れているのでなければ、煙のように消えてしまったとしか考えられない。

誰もやろうとしないので、彼がトイレを見にいった。

鍵が開いていて、天井から吊るされた人形が静かに瞑目していた。

動揺を抑えて客席に戻り、「いませんでした」と皆に告げると、大きな悲鳴が上がった。

――青年自身が幽霊だったのだ。

ちなみに料金はきちんと支払われていた。閉店後にスタッフがレジの金を数えたところ、きっちり勘定が合っていた。いつどうやって払ったのかは、わからない。

怪談屋怪談

二

Writer

書く

丑三つ時の取材レポート

Writer

明治中期から昭和初期にかけて活躍した田中貢太郎《こうたろう》は、実話の怪談を五百編あまりも蒐集して書き残した。この人は実地踏査やインタビューが得意で、綿密な取材を基にした政界モノでスマッシュヒットを飛ばした後も、怪談を書きつづけた。

怪談を実話として書くには、作家本人が霊能者でもない限り、取材力が必須だが、怪談は今も昔も文壇で評価されづらい。ことに実話のそれは日陰のジャンルで、世間でも他のノンフィクションとは区別するのが常だ。取材力の無駄遣いだと思われる方もおられよう。

しかし貢太郎の随筆や怪談本の序文を読むと、彼が実に愉しそうに実話怪談を書いていたことがわかるのだ。

その一方で、彼は中国の古典をこよなく愛し、日本の怪談の多くが中国の『捜神記《そうじんき》』『剪燈《せんとう》新話《しんわ》』『西湖佳話《せいこかわ》』『聊斎志異《りょうさいしい》』といった古典の翻案であることを看破《かんぱ》していた。

私の父も、今挙げた古典の源流である六朝志怪小説《りくちょうしかいしょうせつ》などの研究者だったせいか、同じことを言っていた。たとえば、泉鏡花《いずみきょうか》の『高野聖《こうやひじり》』は『晋唐小説六十種《しんとうしょうせつ》・幻異志《げんいし》』に、上田秋成の『蛇性の婬《じゃせいいん》』は『西湖佳話』に、三遊亭円朝《さんゆうていえんちょう》の『牡丹燈籠』は『剪燈新話』に、原案となった作品をそれぞれ見い出せるし、岩見重太郎《いわみじゅうたろう》の緋狒《ひひ》退治など日本の伝説や民話に多い人身御供《ひとみごくう》の話ですら、中国の古代小説の翻案だというのである。

——だからこそ田中貢太郎は、奇怪な実話を取材する意義を感じたのかもしれない。僭越《せんえつ》ながら、私も。

市井《しせい》の人々の肉声を基《もと》にした実話怪談は、未来の創作物の源泉となり得る。その点に翻案や創作が持ちえないロマンが在る。父の受け売りだが、古代中国の小説だって、どれも元は口伝えの素朴な説話だったのだ。

さらに、体験者の主観に依拠《いきょ》するとは言え、社会の一構成者にとっては本当にあった出来事なのだから、オーラルヒストリーとしての価値も持つと私は確信している。

どんな経験の背景にも、そのときどきの社会情勢や風土が横たわっているからだ。

——さて、そういう次第だから、実話の怪談は、誰かが不思議な体験をしなければ始まらないという宿命を背負っている。

そこで私は、月十人から二十人も体験者を募ってインタビューを敢行している。

すると、図らずも、お話を傾聴している最中に不思議な現象が起きることがある。


四年ほど前の秋の夜半、私は九州に在住する男性から電話でお話を伺っていた。

数年前の出来事で、彼はそのとき入社三年目の会社員だった。初めての転勤に伴って異動先の社宅に入居したところ、部屋に若い女の幽霊が出没し、先輩社員に相談したら、何年か前にその部屋に住んでいた女性が社宅のそばの踏切で自死していたことがわかった、というのである。

初めは、朝寝していたら台所の方からご飯や味噌汁の匂いが漂ってきて、実家を懐かしむあまり夢を見たのだと思っていたのだが、やがて、見知らぬ女が彼が寝ていた部屋の戸を細く開けて顔を覗かせて、幽霊が出たと確信するに至ったとのこと。

――まさに、女が引き戸の隙間から顔を見せる場面に差し掛かったときだ。

突然、書斎にいる私の背後で、妙齢の女性がしゃべりはじめた。

「私はこの近所に住んでいます。あなたの家はどちらですか？」

驚いたのなんの。慌てて振り向いたせいで、座っていた椅子から転げ落ちそうになった。

夫は留守。電話取材するときは、ＢＧＭを切り、窓を閉め切る習慣だ。

後ろには夫の机があり、振り返ると、上に彼が愛用しているｉＰａｄが載っていて、電源ボタンが緑色に点灯していた。

「ここは良い所だと思いませんか？　私はこの町が好きです」

再びさっきの女の声がｉＰａｄから流れてきて、今度は、語学学習用の日本語の例文を読みあげているのだと推察できた。近頃、夫は中国語やフランス語を習いはじめたから……。

しかし私はそのｉＰａｄに触りもしていなかった。

また女の声が「あなたは……」と言いだし、急いで電源を切ろうとした。

しかし、指が触れる前に、明るく光っていた電源ボタンがフーッと暗くなって、消えた。

電話の向こうにいるインタビュイーさんから「どうされました？」と訊かれて我に返った。

そこで、今起きた現象を伝えると、彼は自殺した女性の霊がまだこの世をさまよっていると思ったようで、「噂をしたから来てしまったんですね」と言った。


取材中におかしな目に遭うのは、電話インタビューのときに限らない。

昨年（二〇二三年）六月に、茨城を訪ねた折にも奇妙な現象に巻き込まれた。

数名で、多良崎城跡《たらさきじょう》と笠間城跡《かさまじょう》という茨城では有名な心霊スポットでもある古城跡を探訪したのだが、昼間に行けばいいものを深夜に梯子したところ、東京から現地へ向かう移動中から変なことが起きだした。

そのとき移動に使ったバンにはテレビモニターが搭載されており、私たちは道々ＤＶＤを視聴していた。怪談師の怪談語りを収録したDVDを立てつづけに掛けて……たしか三本目だったと記憶しているが、西浦和也《にしうらわ》氏の実話怪談集を視聴していたとき、そこに所収された「青い家」という話に差し掛かって間もなく、バンのハンドルを握っていた仲間が「あっ」と大きな声を出した。

何かと思えば、車線変更を誤ったために予定とは違う地点で有料道路を降りざるを得なくなったのだが、それだけではなく「青い家」の現場が降り口のすぐ近くなのだという。

「これは、呼ばれてしまいましたね」と運転者は意味ありげに言った。

怪談界隈で「呼ばれた」と言えば、霊に呼び寄せられたという意味である。

件の怪談『青い家』の題名は、かつて実在した青い屋根の民家に由来する。

――墓地に隣接した土地に地主が青い屋根の貸家を建てた。その家を新婚夫婦が借りたところ妻が一日中外を徘徊するなど不可解な言動を見せはじめ、ついには臨月間近で首吊り自殺した。その後、騒霊現象が頻発、借り手がつかず空き家となった。そして西浦和也氏がそこで撮った写真には自死した妊婦の姿が写っていた。

と、まあ、こういう一連の出来事が、数十年前に起きたというのだ。

私たちが行ったときには、家は取り壊されて跡地になり、繁茂した夏草が街灯に照らされていた。雑草の向こうに竿石の影が見えた。隣の墓地は今も変わらず存在するのだ。

すでに夜も深く、周辺は住宅街であったから、みんな黙って景色を眺めた。

その後、まずは多良崎城跡へ——ここでは幽霊目撃例が報告されているとの前情報を得ていたが、城跡の周囲に生息するカジカ蛙《がえる》の群れが盛んに鳴き、腐葉土の匂いが濃かっただけで、特に何も起きなかった。

次いで笠間城跡を訪ねた。

着いてすぐ紫陽花《あじさい》の群れに迎えられた。山城の出入り口から跡地に至る遊歩道に沿って紫陽花が植えられていて、ちょうど花盛りだったのだ。

青みの勝った紫の花が美しかった。

だが、城名を記した石碑の影に白い獣の屍骸《しがい》のようなものがあって、ひどく臭った。

同道している仲間の一人がそばまで行って、適当に覗き込み、「死体じゃなくてゴミだ」と言ったが、汚らしい臭いがするので近づいて真偽を検証する気が起きず、先を急いだ。

遊歩道を歩きだすと、間もなく臭いがしなくなり、代わりに新鮮な笹竹の葉のような清涼感のある芳香が辺り一面に漂いはじめた。

城跡と言っても、ようするに山道である。

山で清々しい竹の匂いが香ること自体には不思議がない。

しかし竹の群生が見当たらなかった。

それにまた、香りがしてくるのと同時に、異様な静寂に包まれたことにも気がついた。

たしかに、そのとき時刻は「草木も眠る丑三つ時」だったが、喩えと現実は違う。

先に行った多良崎城跡ではカジカ蛙が喧しかった他に、虫の声も途切れることがなかったし、樹々の梢《こずえ》が夜風に揺れて絶えずざわめいていたものだ。

ところが、ここでは我々の足音や話し声しか、音がしない。

試しに立ち止まって辺りに耳を澄ましてみたら、鼓膜がおかしくなったかと思った。虫はおろか、風の音すらしなかった。そんなことがあり得るだろうか？

城跡を囲む森が、樹々の枝を遊歩道の上に差し伸べていた。あまりの不思議さに、私は懐中電灯を上に向けて木の梢を照らしてみた。

紺青の夜空に黒く、葉と枝のシルエットが、微動だにせず刻まれていた。木の葉一枚、動いていない。空の雲さえ固く凝ったかのようだった。

怪談屋の性《さが》で私たちはたいして怖がりもせず、むしろ軽い興奮に包まれて、城跡の各所をその後も巡った。

ここ笠間城跡には井戸が三つあり、二つまでは誰でも見つけることができるが、三つ目は発見が難しい上に、もしも見つけると祟られるというジンクスが存在した。

だから井戸を探しながら歩いていたのだが、まだ一つしか見つけていなかった。

紫陽花があったのは麓の方だけで、城山を登るうちに殺風景な山道になり、やがて短いトンネルに辿りついた。出口が明るんでいて、抜け出てみると街灯型の照明器具が巨大な蚊柱を生じさせていて……虫の声や風が梢を鳴らす音がいきなり聞こえだした。

竹の香りも消えた。意外ににぎやかな、ふつうの夜の山だ。目の前で道が三叉路になっており、一方の道はもう片方より明らかに下り坂になっていた。道の分岐点に、見覚えがある電信柱が立っている。ここまで来る途中でそばを通り過ぎた、木製の柱のたもとに青いワイヤーをぐるぐる巻いた直径一メートルぐらいの輪が括りつけてある電信柱だ。

特徴があるので見間違えようがないが、そこまで山を登るばかりだったのに、急にこの電信柱が現れるのは変である。

このとき私は、なんだか「帰れ」と命令されているように感じた。他の参加者も、一人が「そろそろ戻りましょう」と言ったら、そうするのが当然のように下り坂を辿りはじめた。

坂道を下ってゆくと、すぐに再び音が消え、爽やかな青竹の香りが漂いだした。間もなく紫陽花も現れた。間違いなく、最初に歩いた遊歩道の出入り口だった。

石碑の後ろで白い獣の屍骸のような何かが腐っているところまで、寸分違わなかった。

帰路には怪しいことは一つも起きず、帰宅したときには東の空が白々と明けてきていた。

ひと眠りすると、さっそく私は笠間城について調べはじめた。

あれだけ不思議な現象を生んだ場所なのだから、何かいわくがあるはずだと思ったのだ。

すると興味深いことがわかった。

笠間城が築かれた山は、今は佐白山《さしろさん》と記されているが、古くは白雉・白鹿・白狐が棲む山だったことに由来して「三つの白」を意味する「三白山」と書かれていたのだとか……。

城跡の出入り口にあった白い獣の屍骸のようなものを、私は想い起こした。

また、かの城には血なまぐさい経緯もあった。

僧侶の姿で殺戮をともなう戦闘を行う僧兵というものが、平安時代から近世初頭にかけて全国各地に存在した。鎌倉時代、旧三白山の麓の二つの寺、正福寺《しょうふくじ》と徳蔵寺《とくぞうじ》でも僧兵団同士で血みどろの戦いに明け暮れた挙句、正福寺が上野国の守護に援軍を頼んだ。

そのとき派兵の命を受けた笠間時朝《かさまときとも》が築城したのが、笠間城だった。

徳蔵寺の僧兵団が討たれると、正福寺は、時朝の権勢を恐れるようになった。

そこで時朝は正福寺も滅ぼしてしまった。神獣が守護する山は血の海と化した――とまで言ったら「講釈師、見てきたような嘘をつき」と嗤われようか。

もう一つ、笠間城跡には、ここで女性が殺害されて、その遺体が井戸から発見されたという真偽不明の噂もある。

そんな過去を持つためか、笠間城跡では今でも怪奇現象に遭う者がいるという次第。

ちなみに、結局、私たちは井戸を一つしか発見できなかった。

こんな経験もある。深夜、執筆を終えてパソコンをシャットダウンしたら、暗くなった画面に、私自身の顔から胸もとにかけてが映った。

それ自体は、ごくふつうのことだ。

しかし、私の左後方に佇む、十七、八の少女も映っていたのだった。

凹凸《おうとつ》がなだらかな裸体で、瑕《きず》ひとつない玉の肌。

ほっそりした頸《くび》の途中で見切れていた。

私は、五年ほど前に、大学生の自主制作映画で子役の女の子と共演していた。

映画のロケ中には十二歳だった子役の子が、最近、殺人事件の犠牲者になったことをマスコミ報道で知ってから、まだ日が浅かった。

そのとき私は、共演した頃のことを追憶しながら、少女の幽霊の話を書いていた。

二〇一三年のことだ。無惨に命を絶たれたとき、彼女は十七歳だった。

その姿はすぐに掻き消えたが、私は今でも彼女を悼みつづけている。


――以上、怪談作家の現場からお伝えしました。

Writer

怪異蒐集家

中山市朗

Nakayama Ichirou

Kaidan-Ya

5

Profile

中山市朗

怪異蒐集家・オカルト研究家・作家。1959年4月1日生まれ。兵庫県朝来市竹田出身。

大阪芸術大学映像計画学科卒業。映画監督を志望し、和泉聖治監督『魔女卵』の助監督、黒澤明監督の日仏合作映画『乱』のメイキング・ビデオの企画提案とビデオ班のロケ及び演出を担当。

1990年、木原浩勝との共著書『新・耳・袋～あなたの隣の怖い話』を扶桑社より上梓。

一冊あたり百話を収録することで百物語に伝統を復活させつつ、小説的な情景描写や修飾を省き、「Aさん」「Bさん」ら匿名の体験者の存在に強くフォーカスした作風で、後のヒットにより実話怪談ジャンルに多大な影響を与えた。

1998年、デビュー作『新・耳・袋』が『新耳袋～現代百物語　第一夜』と改題してメディアファクトリーより復刊、全十夜までシリーズ化、一世を風靡する大ヒットとなった。

同作は『怪談新耳袋』としてドラマ化や映画化され、監督デビューも果たす。

さらにその後、角川書店（現ＫＡＤＯＫＡＷＡ）にて文庫化されてロングセラーに。

また、90年代初頭から聖徳太子を研究。神道、仏教、聖書、古代史など、オカルト全般を網羅するオカルト研究家として知られ、実話怪談、オカルト研究の著書多数。

現在は、出版のみならずテレビやラジオ、インターネットまで含むメディア全般で、怪談やオカルトジャンルに関わる企画発案者、構成作家、演出家、パーソナリティなどとして活躍。

落語の造詣も深い。その他の活動についてはオフィシャルホームページを参照のこと。

中山市朗
オフィシャル

中山市朗公式チャンネル
（YouTube）

中山市朗
怪SHOP

中山市朗のアンセストリー奇譚

Road to Kaidan-Ya

中山市朗の愛読者なら、日蓮上人に由来する中山家の家宝について知っていよう。

島流しされる日蓮上人を佐渡島に運ぶ船が荒波に阻まれた際に、日蓮が逆巻く海面に向かって「南無妙法蓮華経」と唱えつつ手で宙に髭文字を描いたところ、海中の鮑の殻に「南無妙法蓮華経」が浮き彫りになり、その貝殻が佐渡の浜辺に打ち上げられた。

赦免状を幕府に届けた日蓮の弟子・城左衛門は、流刑が解かれた師から中山姓を賜ると同時に、件の鮑の貝殻を家宝と定めた。この家宝を現在も守る子孫が中山市朗という稀代の怪異蒐集家だというのは偶然ではなかろう。

そこまで時代を遡らずとも、祖父の中山東崋は画家・彫刻家・文筆家・郷土史家、公務員だった父も日曜画家で、また、母の実家は寺だったと聞くと、映画から文芸にわたる幅広い芸術ジャンルから歴史研究や宗教研究までマルチにこなす才能の因って来る処が窺える。

しかし彼は、長ずるまでオカルト的なものには無関心だったという。ホラー小説やホラー映画にも触れずに育った。

その理由は「怖がりだったから」。

美術が得意で映画が好きだったことから、大阪芸大の映像学科に進学。教授陣は日本映画界で活躍した錚々たる面々で、彼は熱心に脚本を書き、映画の自主制作に取り組んだ。

後の〝怪の巨匠〟たる中山市朗を形成する出来事が起きたのはこの頃だった。

大阪芸大は古墳群の上に建てられたと伝えられ、七不思議的な話があったのみならず、奇怪な体験をする学生も多数いた。そうした体験談や噂話を彼は逐一メモに取った。脚本の参考にしようと思ってのことだったが、持ち前の蒐集癖が手伝って、やがてそれは膨大な数に及んだ。――これが後に『新耳袋』シリーズに活かせたのは言うまでもない。

また、卒業制作として同級生数名と共同で映画を撮った折に、あの「山の牧場」事件（『新耳袋』第四夜を参照のこと）があったことも一部ではよく知られている。

だが、第十夜に書かれた中山家で起きた心霊現象については、ご存じない方も多そうだ。

卒制において彼は監督と脚本を担当し、自身の実家をロケ地の一つ兼ロケ中の仲間の風呂場として提供した。すると、撮影中にタッタッタという雑巾がけをする足音が聞こえてきたり、座敷の隅で仮眠していた仲間が腹を踏まれたりといった珍事が起きた。

これを知った彼の母は「それは、おばあちゃんや。お掃除してるんやわ」と言った。

たしかに生前の祖母は潔癖な性質で、如何にもやりそうだと彼も思ったが「ホンマかいな」という懐疑心を捨てなかった。彼の理性はオカルトを妄信することを拒絶したのである。

その代わりに、怪の論理と知識の大海原へ漕ぎだしたのだろう。

怪異を探究する知の冒険者は、近くデビュー三十五周年を迎える。

三柱鳥居迷界

中山市朗

太秦《うずまさ》映画村で有名な京都市右京区の通称「蚕ノ社《かいこのやしろ》」または「木島神社《このしまじんじゃ》」と呼ばれる木嶋坐《このしまにます》天照御魂神社《あまてるみたまじんじゃ》には、風変わりな鳥居が存在する。

通常の鳥居は柱が二本のところ、この鳥居には三本の柱があり、上空から俯瞰すると美しい正三角形を成している。三角の頂点に立った柱を島木《しまぎ》と貫《ぬき》が繋いでいるのだ。

正三角形の中央には、小石を丸く積みあげて天辺に御幣《ごへい》を突き立てた神座《しんざ》があり、かつては元糺《もとただす》の池という神泉の水に周囲を護られていた。

今では本来の泉は涸れ、土用の丑の日に万病予防祈願の禊《みそ》ぎをしに来る参拝客のために、そのときだけ水を注いで池を復活させているが、古い絵図には豊かな水が描かれており、昔はここで雨乞いが行われていたと言われている。

雨乞い神事は、ここの境内にある養蚕神社と結びつく。

そして、鳥居の三つの角が稲荷山・松尾山・双ヶ丘《ならびがおか》の方角を指し示しており、この三山が秦氏《はたし》の聖地であることから、大陸から養蚕の技術を日本にもたらした渡来人・秦氏が、この鳥居を建立したとする説がある。

――中山市朗は、九〇年代の初め頃からこの方三十年あまりも、秦氏の謎を追いつづけてきた。

鳥居伝来の鍵は秦氏が握っているというのが彼の持論だ。秦氏は中東の古代ユダヤ人の子孫で、原始キリスト教ネストリウス派の信徒であったとする仮説がある。その場合、三柱鳥居は、原始キリスト教の三位一体論を具現化しており、そうであれば、三本の柱は父・子・精霊を表し、中央の神座はこの三つが一体となる宇宙の中心を示しているわけだ。

また、ユダヤ教の神秘主義・カバラが日本において迦波羅《かばら》と呼ばれる秘術を行う結社・八《や》咫烏《たがらす》となったという説を採るなら、三柱鳥居の柱は八咫烏の三本足を表し、中心に太陽のエネルギーを集めることで、統べる土地に力を与え、浄化していたとも考えられる。

いずれにせよ、秦氏がユダヤ人だったら、こんな形にしたことの説明がつくのである。

二〇二二年の初夏、『ムー』の三上編集長から中山に取材依頼が舞い込んだ。

なんでも、読者から次のような情報が編集部にもたらされたというのである。

「岐阜県郡上《ぐじょう》市の山に昔から三柱鳥居があって、ここにヘリポートを建設するためにこの鳥居を壊したところ、怪異が起きたと言われています」

八幡宮《はちまんぐう》は秦氏が創建したと言い伝えられており、郡上市にも、郡上八幡の地名の由来となった八幡神社がある。郡上八幡も秦氏の土地だったに違いない……。

是非見に行きたいと思い、七月、彼と彼の秘書、編集長、案内人二名と地元の神官の計六名で取材を決行した。

現場は山の天辺。日没前に下山し終えるために、彼と秘書と編集長は前日のうちに岐阜県に飛び、郡上市内の旅館に一泊した。

そして翌朝、地元組の三名と落ち合ったのだが、車で迎えに来てくれた彼らを一目見て、中山は厭《いや》な予感を覚えた。

三人ともが、本格的な登山のいでたちで、ロープまで持参していたのである。

三上編集長は半袖シャツの軽装。秘書は小柄な女性で、こちらもリュックサックを背負ってズボンを穿いているものの、気軽なハイキングの格好だ。彼自身に至っては、ブラックスーツと街歩き用のウォーキングシューズという、いつものスタイルであった。

だが、時間的、経済的に、仕切り直す余裕はなかった。

麓の林道に車を停めて山を登りはじめたのが、午前十時。

もっと早く出発すべきだったことが、間もなく明らかになった。

道なき道。しかも篠藪を掻き分けて進むような難路だったのだ。

帰れなくなるといけないから、と、案内人が持ってきた赤いカラーテープで二、三メートルごとに木に目印を付けるのを見て、初めは「ヘンゼルとグレーテルみたいだな」と愉快に思ったが、十分ほど歩いて何気なく後ろを振り返ると、カラーテープだけが鮮やかに赤く、あとは一面、暗い緑に沈んでいた。目印無しには戻れないことが予見できた。

　とはいえ、当初は案内人も、林道から鳥居までは直線距離で三、四キロだから、いくら道が険しいと言っても、二時間ぐらいで登頂できるだろうと話していた。

　ところが、結局、山頂に着いたのは午後二時頃。約四時間も要した次第だ。

　延々と薄暗い山の中を歩いてきたので、着いた瞬間の印象は鮮烈だった。樹々の目隠しがいきなり開けて、なぜか草木の生えていない、剥き出しの地面が平らに広がっていたのだ。

　奇妙な場所だが、ともあれ三柱鳥居は存在した。

　彼は、ポケットから愛用のデジタルカメラを取り出してさまざまな角度から三柱鳥居とその周辺の写真を撮った。


　帰り道に大変な事態に陥った。

　カラーテープを回収しながら来た道を戻ろうとしたのだが、肝心のテープが、貼りつけた木の幹や枝から、なぜかことごとく外れて、あらぬ方に飛ばされていたのである。

　暗緑色に塗りつぶされたかのような森に包囲され、すぐに方角がわからなくなった。

「先生、こんなところでデジカメを落としたら大変です。私がお預かりしますよ」

　秘書に言われてみれば、樹々の梢に蓋をされているせいで、すでに足もとは真っ暗だった。

「そうだな」と言って彼は立ち止まり、ポケットからデジタルカメラを出して秘書に託した。

そうこうするうち夜の帳《とばり》が下りてしまった。

不安は幻覚を生む。編集長と秘書が「鉄塔が見えた」と言うので、そちらへ向かって藪を掻き分けて急いだが、行けども行けどもそんなものは存在しなかった。

「川を探しましょう」と暗闇で誰かが提案した。「川沿いに行けば必ず麓に出られます」

一縷の希望にすがり、水音を探して全員で耳を澄ましながら、仲間からはぐれないようにしがみつきあって歩いた。

するとほどなくして川のせせらぎが聞こえてきて、渓流に辿りついた。こけつまろびつして下流へ向かう――と、しばらくして、下の方に、乗ってきた車が見えた。

林道のどこへ出るかわからなかったのだから、好運すぎる。

ささやかな奇跡だが、彼を含め全員が驚くゆとりすらなく、とりあえず車に乗り込み、怪我はないか、持ち物は無事か、と、まずは確かめた。

「ああっ」と、そのとき秘書が悲鳴のような声を上げた。

「先生、すみません！　デジカメが見当たりません！　どこかで落としてしまいました」

秘書は真っ青になって謝ってくれたが、彼は正直、非常にがっかりした。

しかし全員大きな怪我もなく無事だった。それに、まだ夜の八時だ。

「三上さん、十時から一緒に私の部屋で生配信をしましょう」

そう編集長に提案して、旅館で短い休憩を取った後に秘書と準備に取り掛かった。配信開始五分前には編集長が部屋にやって来て、いよいよこれから……ということで、それまでテーブルに置いてあったノートブック型パソコンの位置を整えようとしたときだ。

「ああっ！」「キャッ！」

あまりのことに彼と秘書は同時に声を上げてしまった。

パソコンを持ち上げると同時に、それが置かれていたテーブルの表面から、ニューッとデジカメが生えてきたのだ。

我が目を疑うとはこのこと。

しかし、それはたしかに彼のデジカメで、三柱鳥居を記録した画像データも無事だった。

編集長は決定的瞬間を見逃したが、彼が事情を説明すると、「超常現象が起こった」と言って驚いた。

秦氏が召喚した神に翻弄されたかのような一日だったが、最後に起きたのがこの出来事だったことを思えば、結局のところ〝赦された〟ということだろうか。

Writer

怪談師

深津さくら

Fukatsu Sakura

Kaidan-Ya

6

Profile

深津さくら

怪談師／怪談作家。１９９２年茨城県生まれ。

京都造形芸術大学（現 京都芸術大学）卒。卒論のテーマは「怪談の実話性」。

２０１８年『OKOWA CHAMPOINSHIP』出場を機に、怪談師として活動を開始。

２０１９年に竹書房怪談文庫のアンソロジー『京都怪談 神隠し』に参加、作家デビュー。

同年、同じくアンソロジー『現代怪談地獄めぐり 無間』に寄稿。

２０２０年、初単著『怪談びたり』を二見書房より上梓、重版して一躍、話題になる。翌年出した続編『怪談まみれ』と共にカバー画も担当。

２０２１年には関西テレビ「セブンルール」に出演。


２０２２年からマガジンハウスの『BRUTUS』で「深津さくらの実話怪異手帖」の連載を開始。

２０２３年、怪談最恐戦で優勝し、六代目最恐位の地位を獲得。

現在、関西地方を拠点として実話怪談の蒐集、研究、語りと執筆、美術作品の制作など幅広いジャンルで活躍。

〝怪談と結婚した女〟との異名を持つ。

深津さくらオフィシャル

著書『怪談びたり』（二見書房）

著書『怪談まみれ』（二見書房）

おばけ座（YouTube）

深津さくらと怪談の出逢いとマリアージュ

Road
to
Kaidan-Ya

彼女の母が勤務していたカメラ店では、とある遊園地の写真フィルムを警戒していた。時期や撮影者が異なるのに同じ女が度々写り込んでいたせいで。

母子家庭で育った。小学校一年生のとき、高圧的で攻撃的かつ裏表のある性格の担任教師やいじめが横行するクラスに耐えかねて、学校に行き渋るようになり、小三から不登校に。母は不登校を許す代わりに自宅学習に励むことを彼女に約束させた。

学校の教科書や通信教育で学び、読書家だった母の影響で本に親しみ、日記をつけた。

近所に住んでいた祖母の家で自習に取り組むことも度々。趣味は読書と絵を描くこと。柔らかな繭に包まれたかのような生活。日々は淡々と過ぎ、中学校にも行かなかった。

だが、他の子たちと比べると圧倒的に社会経験が足りないという自覚が生じ、次第に焦燥感がつのった。羽化を待つさなぎのように……。

そしてついに変化のときが訪れた。

十五歳で美大進学を志して美術予備校に入学、週六日の通学に伴い、初めて同世代の仲間ができた。彼らは意外なほど無邪気で、ささいな失敗を冒すこともあったが、いつも許された。母と祖母以外の人々から絵を評価されることも新鮮な体験だった。

学校は恐ろしい場所ではなかったと知り、美大に進学した。学費の安い芸術学科を専攻しながら大学のアトリエで絵を描き、京都で一人暮らしを始めた。大阪の国立国際美術館でボランティアをしていた二十歳のとき、来館した客の一人と親しくなった。

「その人が現在の夫です。彼は多趣味で、美術や音楽、怪談が好きで……」

彼に誘われて参加した怪談会で、母のカメラ店の話を披露したところ、思わぬ反応が。

「喋るの上手だね」「いちばん怖かった」と他の参加者から口々に褒めてもらえたのだ。

怪談を蒐集しだしたのはこの頃。同級生や後輩と怪談を語り合うようにもなり、やがて怪談を趣味としていることが知れ渡ってきて、卒業研究の担当教官に「そんなに怪談が好きなら怪談をテーマに卒論を書け」と背中を押された。

そこで、時代ごとの怪談の特徴を比較、現代怪談の実話性の所以を追究する論文を書き、暗くした講義室で怪談調で語るなど発表の仕方も工夫したところ、卒展で入賞した。

「一つ大きな壁を乗り越えたように感じて、勇気を出してみるものだと気づきました」

社会人になると同時に入籍。夫婦でさまざまな怪談会に参加するうちに、怪談師の知り合いも増え、怪談コンテストにエントリーしたところ初回で予選に残り、二〇一九年、二回目の挑戦でベスト4に。同年、怪談作家としてもデビュー。初単行本がヒット、二〇二三年度は怪談師の大会で優勝して、深津さくらは名実共に怪談界の女王の座に上りつめた。

――「怪異体験も人生の断片だと感じられるものを書きたい」と語る彼女の半生を顧みた。

カラーひよこの祟り

――深津さくら

彼女が「カラーひよこ」という実話怪談をタブレット型端末で書いていたところ、急に音声アシスタント機能が起動して、画面に文字が表示されはじめた。

音声入力しているかのようだが、何も言っていなかった。

だが、「死」に続いて「ね」という字が画面に現れた。

――「死ね」と誰かが言ったのだ。

すると、すぐに音声アシスタント機能の声が応えた。

「すみません。よくわかりません」

それまで執筆に集中していたせいか、彼女は妙に冷静で、タブレットを持ったまま独《ひと》り言《ご》ちた。

「こんなベタなことある？」

すると同時に、音声アシスタント機能が「死ね」の二文字を消しながら「こんなベタなことある」と画面に上書きしはじめた。

この話は初単著に入れるのだ。これしきの妨害に負けるわけにはいかない。すぐに気を取り直して音声アシスタント機能を終了させると、彼女はお終いまで書き上げた。

そして他の怪談と共に単行本『怪談びたり』の原稿としてデータ入稿すると、やがて担当編集者からゲラ、つまり校正刷りが送信されてきた。

校正刷りも昨今はデータ化されている。これに、赤入れといって、赤色で訂正を入れていく作業を校正者や編集者、そして著者で繰り返し行った後に、印刷される次第だ。

彼女は赤入れを再び同じタブレット端末で行った。初めは順調だった。

ところが、途中で画面が真っ白になった。校正刷りのデータが消えてしまったのだ。すでに赤入れが済んだ部分まで残らず消し飛んでいて、最初からやり直すしかなかった。

データが消えたのは、「カラーひよこ」の頁に差し掛かったときだ。

執筆中に「死ね」と表示された件といい、この話には何かあるのだろうか。

不気味に思いつつ作業を再開して、無事に本を上梓した。

尚、「カラーひよこ」の作中には〝元カラーひよこの鶏〟が登場する。体験者が夏祭りの屋台で着色ヒヨコを釣り、家族みんなで可愛がった結果、成長して鶏になった。

その鶏が死んで、翌朝葬ろうと思っていたら屍骸が消失してしまうのだが……。

鶏を殺して盗っていった何者かは、今でも超常的な力を保っているのかもしれない。

事故の予兆はくねくね踊る

深津さくら

怪談作家をやっていると、時折、読者さんから「この本に書かれているのと似たようなことがあった」と打ち明けられるものだ。

深津さくらも『怪談まみれ』に所収した「廊下」という話でそんな経験をした。

「廊下」は、彼女のいとこから聴いた話だ。

――いとこが高三のとき、クラスメイトの男子が交通事故で重傷を負った。事故の前日、彼が廊下でくねくねと踊っているところをいとこは目撃した。授業中なのに何をしているのだろうと怪しんだが、いとこ以外の生徒は廊下の彼に気づかないようすだった。教室を見回すうちに廊下の男子その人が、ちゃんと着席していることがわかった。しかし廊下に目を戻すと、やっぱりくねくね踊っているのだった、という。

これに似通った体験をしたという読者さんを、彼女はさっそく取材した。

「私が通っていた小学校は中学校と隣り合って建っていて、教室の窓から中学の校舎や校庭の一部が見えました。

だから私の兄が隣の中学に上がると、私は兄がランニングするところを、ときどき窓から眺めるようになったんですよ。その頃はたまたま私の席が窓際にあって、それにまた、兄は運動部で、部活でしょっちゅうランニングしていましたから。

そのときも外から掛け声が聞こえてきて、また兄が部活で走っているなと思って窓から中学の方を見やると、案の定、ランニングしながら校舎の裏から現れたところでした。

こっちに向かって走ってきます。これもいつものことで、私がいる窓の真下を通過するのです。中学の校舎の外周を走ると、自然とそうなったんですね。

でも、この日に限って、一人だけ奇妙な動きをしていました。

タコ踊りと申しますか、何か、手足を左右バラバラにくねくねと動かしているのがわかって、遠目にもとても目立っていました。

あれでよく前に進むものだな、と……それに、どうして一緒に走っている部活仲間が注意しないのだろう……と、呆れながら見ているうちに近づいてきて、やがてくねくねしている生徒の顔がわかりました。

私の兄でした。

それから間もなく、その日の下校途中に、兄は交通事故に巻き込まれて怪我をしてしまったんです。ね？　似ていますよね？　くねくねした動作は事故の予兆なのかも……」

怪談会の電話

深津さくら

彼女が初めて怪談会を主催したときのこと。

参加型のささやかなイベントで、会場は、時折、電車が通過する音が響く高架下の小さなカフェだったが、終始たいへん盛り上がった。

興が乗るあまり、終演の時間になっても彼女自身と五、六人の客は熱が冷めやらず、店に居続ける運びになった。

店の主人も喜んでくれて、閉店まで居られそうな見込みが立った。

そこで席を移って、みんなで怪談を再開した。

中に一人、特に怖い怪談を語ってくれた女性がいて、聞けば霊感があるとのこと。

夢中で怪談を語り合ううちに、とっぷりと日が暮れたが、まだみんな話し足りないようすだった。

そのうち、ある参加者が、仕事の取引先から電話の着信があったと言って席を立った。

スマホを片手に外へ出ていった。

と、思ったら、すぐに戻ってきて、「変なんですよ」と彼女に向かって首を傾げてみせた。

「取引先の人から掛かってきたはずでしたが、ボンボンと風が吹いているような音がするばかりでした。ボンボンボンボンボン、風が激しく吹きつける音の向こうから、かすかに男性の声が聞こえてくるんですけど、何を言っているのか聞き取れなくて……」

するとすぐに、例の霊感のある女性が言った。

「実は、この会場に入ってきたときから気づいていたのですが、ドアのところに男性が立っていて、ずっとこっちを見ているんです」

思わずドアを振り向いたが、誰もおらず、戸板に嵌《はま》ったガラスを透かして夜の路地が薄暗く沈んでいるばかりだった。他の者たちも全員ドアの方を見つめている。

「さっき、その人が電話を掛けに行ったときは」と、霊感の持ち主は話を続けた。

「そこに突っ立ったまま口をパクパクさせていました。だから、電話を掛けてきたのは彼ですよ」

みんな一斉に悲鳴を上げて、怪談会は即座にお開きになった。

帰ろうにも、まだここに佇んでいるのだと思うと、ドアを通るのも気味が悪くて足がすくむようだった、とか。

Writer

オカルト研究家

怪談・

吉田悠軌

Yoshida Yuki

Kaidan-Ya

7

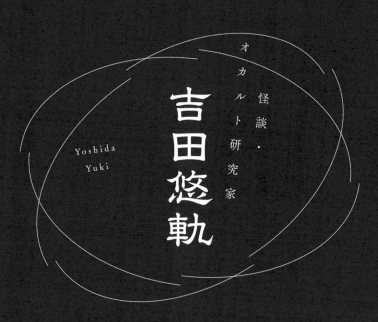

Profile

吉田悠軌

作家／編集者／怪談・オカルト研究家。東京都八王子市出身。1980年12月16日生まれ。

中央大学附属高等学校卒業。在学中は一人で演劇愛好会を起ち上げ、学園祭では毎回、独り芝居を上演、野外で「銀河鉄道の夜」を演じて地元紙に紹介された。また、高一の夏休みにヒッチハイクを伴う東北一人旅を、高二の夏はインド北部を、冬休みにはポーランドとドイツを一人で旅行。高三の夏休みには井口奈己監督の自主映画『犬猫』の制作に参加。

早稲田大学第一文学部演劇映像学科卒業。映画サークルに入り、ドキュメンタリー映画を制作。大島渚のドキュメンタリー映画をテーマにして卒論を書いた。

大学卒業後は出版社の編集補助アルバイトや雑誌記者として活動。

2005年、高校の先輩・今仁英輔と二人で怪談サークル「とうもろこしの会」を起ち上げる。以来、会長を務めながら怪談とオカルトの研究をライフワークにする。同年、かねて実話誌のライターとして執筆していたミリオン出版の雑誌で実話怪談を発表。

2006年、劇団「五反田団」の主宰・前田司郎らと、演劇的な怪談イベント「五反田怪団」を初開催し、現在まで不定期に上演している他、同グループで制作した映画『オカルト探偵ヨシダ　妖精の詩』では怪談監修及び主演を務めた（2019年に制作／2022年に公開）。同2006年、竹書房が主催する「第一回超1」で四位。竹書房文庫の怪談アンソロジーに参加。2011年、全国各地で採集した実話怪談をまとめた初単著『放課後怪談部』（六月書房）を上梓。同年、『怪処』という同人誌を発行開始。次第にマスメディアの注目を集める。

2015年8月、紀行バラエティ番組『クレイジージャーニー』（TBSテレビ）に初出演。現在、さまざまなメディアで活躍。作家や怪談の語り部の他、怪談・オカルト研究関連の合議の講師としても人気。『現代怪談考』（晶文社）、『一生忘れない怖い話の語り方』（KADOKAWA）、『オカルト探偵ヨシダの実話怪談』シリーズ（岩崎書店）、『中央線怪談』（竹書房）、『日めくり怪談』（集英社）、『禁足地巡礼』（扶桑社）、『一行怪談（一）（二）』（PHP研究所）など著書多数。

オカルトスポット探訪マガジン「怪処」特設ブログ

X

吉田悠軌の旅路を望めば

Road
to
Kaidan-Ya

私が同級生だったら彼を孤高の人と呼んだであろう。吉田悠軌は高校で「授業中は読書をします」と宣言した。毎年の学園祭で上演した芝居も、休暇の折の長旅も、独りで敢行した。

標準的な中流家庭が住まう八王子のニュータウンに育ち、子どもの頃は優等生。一流大学に進学してシンクタンクに就職するはずだったが、道から逸れた。

中学生になると映画や演劇に惹かれるようになり、文科系の仕事に就くのだろうと将来を予想した。それもありきたりな進路だ。そこから彼を遠ざけたのは何だろう？

思うにそれは、独りで思索し、決断して、常識に囚われずに実行する、強靭な行動力だ。

吉田少年は、哲学書、思想書、英語の原書を読み漁り、独り旅の資金を貯めるためにアルバイトに励み、チケットが安くなる毎月一日の映画の日は学校を休んで映画館で過ごした。

十七歳になったばかりの冬、シェンゲン協定締結以前のポーランドから陸路でドイツに入国したところ、ビザを没収された。足止めを喰らい、持参した金が尽きてしまった。日本から送金してもらおうにもクリスマス休暇中で銀行は閉店。現地の人々の情けにすがった。

「お蔭で自信がつきましたが、今にして思えば、あの頃は何か打ち込めるものが一つも無く、行き場のないエネルギーをもてあましていたんですよ」

　中大の哲学科・現象学の木《き》田《だ》元《げん》教授のもとで学びたいと思っていたが、附属高校の三年生のとき木田ゼミが閉鎖。同じ頃、自主映画の制作を手伝ったことから早稲田大学の映画サークルの人々と親しくなり、早稲田に進学した。附属高の同学年で受験したのは彼だけだった。

　大学二年の終わり頃、交際していた人との間に子どもができた。二十歳。入籍して実家から独立。妻子を養うために毎日アルバイトに励んだが暮らしは極貧。妻も働きだすと、当時の早稲田には保育所がなかったことから、彼は赤ん坊を連れてキャンパスに通った。

　就活は死に物狂いで頑張ったが合計六十四社も落ちて、最終的に採用された小さな出版社も試用期間中に辞職に追い込まれた。その後は知人の伝手《つて》で編集補助のバイトに就き、編集者や書き手としての腕を磨いた。ライターになる経緯としては普通である。

　ところが、またしても彼を苦難が襲った。結婚生活が四年目にして破綻したのだ。

　一時は絶望の底に沈んだ。しかしこの時期に出逢った怪談とオカルトの研究が、人生にターニングポイントをもたらした。独りで旅立った勇者は努力の天才でもあった。度外れた行動力も、膨大な既刊書の精読と現地取材を真摯に進めるうちに、翼のように作用した。

　すると、オセロの駒が裏返るように過去の経験や交友関係が次々に活きてきた。

「業界が若手を求めていた時期に怪談を始めたのは好運でした」と彼は謙遜するが、ファンとして、同じ怪談作家として、憧憬の眼を向けることは許されてしかるべきだと思う。

ブードゥ人形の残滓——吉田悠軌

私が駆け出しライターだった二十代の頃、インタビューは対面で行うのが常識だった。電話で聴いた談話は「コメント」と呼び、通話料は従量課金制しかない時分でもあり、電話でちゃんとしたインタビューを取ることは考えられなかった。

しかし現在は通話定額制サービスやSNSの無料通話を利用すればロングインタビューが可能だ。ビデオ通話アプリを利用すれば、取材対象者がどこにいても顔を見ながら会話することもできる。

——吉田悠軌がそのときビデオ通話で取材していた女性は、自宅にいるようだった。

ふだん暮らしている住まいか否かは、パソコンやスマホの画面を通しても伝わることが多い。同居している家族が立てる音や、ペットの鳴き声が聞こえてくるからだ。

彼女は猫を飼っているようだった。

ある種のクリエイターとして自立している女性で、今回、彼女が吉田に打ち明けることにした話も、作品の発売記念イベントの場面から始まっていた。

サイン会を兼ねた催しだったとのこと。参加者の大半が彼女の作品のファンで、贈り物を手渡す者が多かったという。

彼女は、こういうイベントに慣れていた。顔見知りのファンにも初めて会う相手にも分け隔てなく笑顔で接して、差し出されるプレゼントはすべて素直に受け取った。

その四角い箱を持参したのは、見知らぬ女だった。

持ち帰るのが困難なほど大きくも重くもなかったから、ありがたく受け取ってしまったが、箱を開けてみて戸惑った。

中には、一枚のカードと小さな木彫りの人形が入っていたのだが、人形の首から下がイボで覆われていたのだ。

全体に粗削りで、黒ずんだ木製の胴体や手足にまんべんなく釘を打ち込んで突起が付けられている。ある種の疫病を連想させる、不吉な印象だ。

同封されていたカードには、人形を手にした黒人男性の肖像写真がプリントされていた。有機農法の畑で採れた野菜のパッケージに、農家の人の写真がプリントされていることがある。あのような感じで人形を手にしてニッコリ笑っているので、てっきりこの男性が人形の作者なのかと思ったら、違った。

カードに書かれた英文の説明によれば、この男性はブードゥ教の呪術師だという。

産地はトーゴ共和国。ブードゥ教が盛んな所なのだろうか……。彼女は詳しいことは知らなかったが、なんとなく畏れ多いような感じがしたので、これを神棚に置くことにした。

ちなみに、トーゴ共和国は現在も根強くブードゥ教が信じられている国の一つだ。

私たちは一部のホラー映画などの影響で、ブードゥといえばハイチを想い起こしがちである。たしかにブードゥ教は奴隷貿易によってアフリカからアメリカ大陸に伝わり、ハイチで発展した。

しかしハイチでは民間信仰が長く弾圧されていた経緯もあり、実は今ではキリスト教が盛んでブードゥは隅に追いやられている。今日の世界でブードゥがポピュラーなのは、この信仰の発祥の地であり国教に定めてもいるベナンや、その隣国トーゴなのだ。

トーゴには、ブードゥの呪具を扱う大市場「ブードゥ・マーケット」が存在する。

イボだらけの人形は、恐ろし気な見た目とは裏腹に、呪術師が掛ける呪術によっては幸運を齎《もたら》すとのことで、土産物として人気がある。ブードゥの呪術には日本人にも馴染みのある善意の「オマジナイ」の類も多い。子孫繁栄、夫婦円満、魔除け、健康長寿などだ。

とはいえ、無論、悪意のオマジナイも存在する。

ブードゥ・マーケットには呪術師がいる。能力のある呪術師によって病や死を惹き起こす呪いを人形にこめてもらうこともできる次第だ。

さて、そのような人形を貰った女性だが、彼女はしばらくして奇妙なことに気がついた。

飼い猫が、不自然な動きを見せるようになったのだ。神棚のある部屋をなるべく避け、足を踏み入れるとしても神棚から距離を取ろうとしているように見えた。

三匹飼っている猫たちが、三匹とも同じように。

さらに、人形が厭な臭いを放ちはじめた。

生き物の肉や体毛が焼け焦げるような、なんとも言えない悪臭で、猫が神棚を避けるのは、この臭いのせいとも思われた。

彼女が臭いを感じたのは神棚に載せてから数日後だが、猫は人間より嗅覚が敏感だ。

――いや、臭いではなく、猫たちは人形の魔力を恐れたのかもしれない。

厭な臭いに気づいたのと前後して、彼女は自宅で時折、体の痛みに襲われるようになった。ときには電撃的な一瞬の痛みが右肩を襲い、かと思えば背中に生じた鈍痛が次第に強まるといった調子で、痛むところや痛みの種類などが一様ではなかった。

共通するのは自宅にいるときに限るという点で、そのうち、神棚に近い方の体の部位が痛くなるような気がしてきた。そこで、まさかとは思ったが、試しに神棚に近づいてみると、最も接近しているところが痛みはじめるではないか……。

神棚に掌を向ければ掌が、神棚の下に立てば頭が、痛む。

痛みの機序《きじょ》はわからないが、とにかく発売記念イベントで贈られた人形が原因なことは確かなので、贈り主の顔を思い出そうと努めながら、彼女は販売元の担当者に相談した。

すると担当者が、あの女と肉体関係を結んでいたことがわかった。

さらに担当者もトーゴの呪物を贈られていたことも明らかになった。

担当者が貰ったのは木彫りの亀で、同封されていたカードには「二人の愛が永遠に続くように祈念した」と書かれていたそうだ。

亀が亀頭に通ずるのは万国共通なのだろうか。なんとも生々しい話だ。

もはや、担当者との愛欲に執着した女が、彼女に嫉妬しているに相違ないと思われた。担当者とは単なる仕事仲間だが、濡れ衣を着せられて呪われたようだ。

大急ぎで問題の人形を始末しなければ命も危ういのではないか。

危機感を抱いた彼女は、自宅の庭で人形を燃やそうとした。

神棚の隅に載せられるほど小さな木製の人形である。たちまち炭になると予想した。

ところが、燃え盛る炎の中で、ほぼ完璧に形を保った。

しかも、あの臭い……絶えず人形から漂っていた肉や髪の毛が焦げるような臭いが、火にくべた途端に強まった。まるで生き物の屍骸を焼いているかのようだった。

恐ろしくなり、彼女は別の策を講じることにした。

「海に流しました。調べてみたらブードゥの呪いは呪術師本人にしか解けないそうなので、太平洋を渡ってトーゴに辿り着きますように……と、祈りながら流したのです」

呪力を秘めた人形ならば、小瓶の手紙のように、遥かな海を越えてトーゴの海岸に流れ着くことも有り得るかもしれない。話が一段落したので、吉田は気になっていたことを訊ねた。

「さっきの音は、なんだったんですか？」

神棚に人形を置いた下りに差し掛かったとき、ビデオ通話で話している彼女の背後から、ガタガタッと物が崩れたような音が聞こえてきたのだ。彼女は「少々お待ちください」と言ってようすを見にいったが、すぐに戻り、彼に何ら説明をしなかったので気になっていた。

「神棚が落ちたんです」と彼女は答えた。

「人形を載せていた神棚ですよね？　偶然にしても凄いタイミングじゃないですか」

すると彼女は「偶然ではなくて、この話をすると必ず神棚が落ちて、燃やそうとしたときと同じ臭いが漂うんですよ」と話した。

「でも、ブードゥ人形は海に流したのに」

人形にこめられた呪いの残滓《ざんし》が、神棚に染みついて未だに時折暴れるのだろうか。

それとも人形は呪いの媒体に過ぎず、女の悪意こそがその正体だったのか。

「あれは例の女の臭いだと思うようになりました」と彼女は言った。

――嫉妬の炎が女の魂を焦がす臭いが、彼女の家に今日も漂う。

怪談屋怪談

三

Collector

集める

妖しい贈り物

Collector

私は蒐集癖を少しも持ち合わせていない。唯一の趣味である着物にしても、実用的な化繊や紬の普段着を、必要な分だけ揃えて満足している。

自宅で最も場所を取っているのは本に違いない。だが、それにしても集めようと思ったためしは一度もなく、調べ物に伴って仕方なく増えてしまっただけである。

つまり私は物への執着が薄い人間なのだ。しかし怪談作家を名乗っているせいか、拙著の怪談の愛読者さんや、体験談を傾聴させていただいたインタビューイーさんから、不思議な物品を度々ご恵贈いただくのである。

「蝋《ろう》の華《はな》というものをご存じですか？　これが問題の蝋燭です」

そう言って、蝋涙がチューリップの花のように天辺で団子になった蝋燭をくださった方がいた。祈祷の際に蝋が上に留まることがあり、それを蝋の華と呼ぶそうだ。

他にも今までに、高僧に読経してもらった霊験あらたかな塩、死体写真、心霊写真など、さまざまな物を頂戴した。お蔭で図らずも怪談屋らしいコレクションができつつある。

数年前には、親しくなった古着屋の店主が、私のために喪用でも祝賀向きでもない変わった文字柄の帯を取り置きしてくれたことがあった。面妖な呪文と記号が書かれた品物だが、「怪談のセンセイなら、お好きかと思って！」とおっしゃる。

他に欲しがる人もいなかろうと思って買わせてもらった。タダ同然の値段であった。

——都市伝説蒐集家の早瀬康広《はやせやすひろ》さんから、その反物を譲り受けたのは、二〇二二年の九月、淡路島で開催されたイベントに招かれた折だった。

怪談やオカルトの関係者が学校の授業を模して話をするという趣向で、廃校をリノベーションした建物で行われた。センセイ役の関係者は八人おり、その中に、本書にもご登場願った中山市朗さん、早瀬康広さん、そして私が含まれていた次第だ。

そこの楽屋として指定された畳の広間に、早瀬さんが一抱えもある段ボール箱をよっこいしょっと運び込んできたのは、宵の口のことだったと思う。

「呪いの反物なんですよ」という説明を耳にして、みんなで段ボール箱を取り囲んだ。

私も好奇心を掻き立てられて箱の中身に注目した。例の呪文の帯のような見るからに怪しい物や、祖母や曽祖母世代の忘れ形見の類だろうかと想像を膨らませていたのだが。

彼が取り出したのは、新品同様の綺麗な絹物ばかりだった。

私は、自分では身の丈に合ったものしか身に着けないが、生家で祖母が着物の仕立てをしていたお蔭で、それなりに目が肥えている。

どれも高級品。中でも、シボが繊細な丹後縮緬の二反がとりわけ見事だ。どちらにも制作した工房の名入りの証紙が付き、ぼかし染めの一反には作品名と作家名も記されていた。

私のような庶民には手の届かない高価な品物に違いない。まさに垂涎《すいぜん》の逸品。

ところが、そのとき早瀬さんが私に向かって——私だけに向かって、「お好きなものを選んでください」と言ったので驚いた。おまけに「お金は要りませんから」とおっしゃる。

当然、私は怖気づいた。すると彼はさらに重ねてこう言った。

「遠慮なさらないでください。僕にこれを託した方が、川奈さんを指名されたんですから」

「えっ？　指名ですって？　どなた？　私が知っている方かしら」

「いいえ。面識はないでしょう。怪談やオカルトに理解があって、僕や川奈さんの動画や何かを見てくださっている、関西の女性です。その方から譲られたんですが、僕が貰っても宝の持ち腐れだと申し上げたら、では川奈さんに差し上げて、と……。彼女は関係者の意見も訊いてくれて、彼らも、川奈さんなら大丈夫だと太鼓判を押してくれたそうですよ」

「待ってください。関係者って？　それに、私なら大丈夫というのは？」

「えーと、話せば長くなるんですが、この反物の件には大勢の人が関わっておりまして。元々これは閉店した呉服店にあった品物で、子孫を絶やす呪いが掛かっていたそうで、実際、最初にこれを贈られた家の娘さんは子宮癌を患ってしまったそうです」

「なるほど。私なら、今後、妊娠する気遣いはないし、もう子どもがおりますものね」

「ええ。でも、それだけじゃありませんよ。これを僕に託した女性をはじめ、この件に関わった二、三の人たちには霊感があるので、たぶん、その方たちが川奈さんを霊視して、この人なら呪いを跳ね返せると揃って思われたということではないでしょうか」

――そういう次第で、私は極上の反物を二反も貰ってしまった。

おまけに、今回、早瀬さんにこれを託した女性をインタビューすることもできた。

さっそく綴ってみようと思うが、現在も営業している老舗《しにせ》の名店や一部で知られる人物が絡む出来事であるが故、地名や固有名詞を伏せることをご容赦いただきたい。

その女性を仮にKさんとする。Kさんの生家は日本刺繍の名工房で、父は匠の技を継承する名人であり、母は刺繍作品のギャラリーを併設した店舗や事務所で働いていた。

二年ほど前の七月のこと、こちらの事務所に電話があり、Kさんの母が受話器を取った。

「私は神戸のAという者で、ギャラリーを三回ばかり見学したことがあります。そちらの娘さんは四柱推命《しちゅうすいめい》の鑑定をなさいますね。近々、娘さんに視《み》てほしい方がいるのですが」

落ち着いた中年の男性の声だった。しかし母は不信感を覚えた。

娘、つまりKさんが四柱推命の鑑定士なのは事実だが、ギャラリーに来ただけでは、娘がいることすら知るよしがない。二十年近く前から別の町で家庭を営んでいるのだから。

それにまた、刺繍のギャラリーの客の芳名帳は母が管理しており、記入した人に宛てて展示の案内状を出してきたのだが〝神戸のA〟には、とんと心当たりがなかった。

だからKさんの母は、どうにか理由をつけて断ろうとしたのだが、Aという男は「どうしても娘さんに占ってもらいたい人がいる」と言って譲らなかった。

そこで「では、その方から直接ご連絡いただけますか」と母は応えたという。

すると、二、三日後、封書の手紙が刺繍工房に届いた。

送り主は女性で、「あえて旧姓を名乗らせてほしい」として、先日の男と同じAという苗字を記しつつ、便箋に手書きで「〇〇という呉服店の跡取りと結婚したが、離婚すべきか悩んでいるので占ってほしい。そちらの娘のKさんについては人伝に聞いた」というようなことを綴っていた。

文章に異常なところは見られず、字形も美しい。〇〇は刺繍工房と同じ地域にある老舗の呉服店で、取引こそ無かったが名前は当然知っており、客層が被ることが予想された。

ならば、〇〇の主家の嫁が、Kさんの噂を耳にすることは充分に有り得た。

手紙では〝神戸のA〟について触れていなかったが、苗字から親戚だろうと推測できた。

母はひとまず安心し、これまでの経緯と手紙の内容を電話でKさんに伝えた。

「今日なら視れるよ」と応えると、母はすぐに○○呉服店のAに連絡すると彼女に言った。

その日の夕方、Kさんの家に赤ん坊を抱えた若い女が訪ねてきた。Aだと名乗るので招じ入れたところ、ろくに挨拶もせず家の奥へ駈け込んでしまったので、驚いた。

老舗呉服店の主家の人なら、人一倍礼儀正しいに違いないと思っていたのだ。

断りもなく赤ん坊を連れてきたばかりか、初対面の他人の家でドタバタと……と呆れたが、見れば目を三角に釣り上げて肩で息をしている。汗まみれの顔は蒼白で、やつれていた。

「助けてください。両親は闘病中で、私も糖尿が悪化して、このままでは、この子まで……」

とりあえず奥座敷で話を聴くことにした。赤ん坊を横の座布団に寝かせると、Aはあらためて身の上を打ち明けはじめた。

たいへん長い話だったが、要約すれば次のようになる。

――呉服店の○○は、当主が逝去して間もなく、主家の一人息子とAの見合いを組んだ。

Aの父は医師で病院の院長、伯父は神主で、○○と家格が釣り合い、無事に成婚した。

○○の家では新居を建ててAを歓迎した。両家に祝福された結婚であり、当初は順風満帆と思えた。だが、Aが夫や義母と同居しだしてから、風向きが怪しくなってきた。

まず、Aの両親が立て続けに病みついた。

Aとしては、ときどき実家に帰って父母の看病をしたいところである。だが、そんな矢先にお腹に子どもを授かり、つわりが重かったために、見舞いもままならなくなった。

さらに、その子どもに夫が「みこ」と名付けようとすると、病床にあるAの父が「天皇陛下の皇子《みこ》のようで不敬だ」と言って反対し、これがきっかけで婚家と実家の間に隙間風が吹きはじめた。夫婦仲まで悪くなり、義母からも厭な態度を取られるようになった。

弱り目に祟り目。こんなときに、Aが糖尿病を患っていることが発覚した。

元より父が経営する病院で出産するつもりだった。彼女は予定よりも早めに里帰りして、糖尿病の治療や定期検査を受けながら、お産の日を待つことにした。

やがて子どもが生まれたが、義母と夫は入院中は一度も現れず、退院後、実家に戻っても赤ん坊の顔を見に来ようともしなかった。

ところが、あるとき急に、伯父を寄越してくれと言ってきた。

――呉服店を畳んで、社屋を取り壊すことに決めた。ついては社屋の屋上にあるお稲荷さんの魂抜《たまぬ》きの儀式をAの伯父に神主として執り行ってもらいたい。

こういう頼みであった。Aの伯父はこれを快諾した。

当日はAも赤ん坊を連れて伯父と○○の旧社屋に出向き、魂抜きのお祓いに立ち会った。夫や義母と顔を合わせるのは久しぶりである。

不仲ではあっても、再会した記念に、と、Aは夫の隣に並び、スマホで写真を撮った。

すると、そこに写った夫の顔が何やらおかしい。よく見ると、両目がやけに丸く、黒目をぐるりと白目が取り囲んでいた。まるでヘビの目のようだ。

一方、伯父は、お社を一目見てAにひそひそと耳打ちした。

「ここには最初からお稲荷さんはいらっしゃらない。別の神さまの依代《よりしろ》だよ」

それを聞いて、Aは夫の蛇の目を連想した。もしや蛇が祀《まつ》られていたのではないか。

そう思って夫に確かめたところ、こんな答えが返ってきた。

「昔住んでいた家に白蛇を祀る祭壇と井戸があって祖父が大事にしていた。父は関心がなく、長らく放置していた。その家も人手に渡り、祭壇や井戸がどうなったかはわからない」

その後、Aは再び実家に戻った。しかし産後三ヶ月あまり経ち、これ以上別居を続けるのも変なことだから、と、婚家に帰ってみたところ、玄関の鍵を勝手に替えられていた。

驚いて、その場から電話を掛けて夫を問い質そうとした。すると……。

「この電話番号はすでに使われていないか電源が入っていないため掛かりません」

婚家は不気味に静まり返っていた。夫が我が子を、義母が初孫を愛さない家である。

そのときAの頭に、夫が名付けた子の名前「みこ」の意味が天啓《てんけい》のように閃いた。

己子。蛇すなわち「己《み》」の子ども。意図して名付けたのか。それとも蛇に操られて?

結婚後の不幸せなことが、すべて蛇神の祟りだったとしたら、どうすればいいのだろう。

Aは、有名な刺繍工房の噂を思い出した――四柱推命の鑑定士で霊視も能くする娘がいると小耳に挟んだことがある。そうだ。刺繍工房に手紙を書いて紹介してもらおう――。

KさんはAに、離婚に関しては弁護士に相談した方がいいとアドバイスした。

蛇神については、本尊として弁財天を祀っている神社を紹介して、お祓いを勧めた。

無論のこと、四柱推命の鑑定も行った。

しかし占いを始めると同時に、凍えるような冷気が辺りに満ちたと思ったら、白い着物の女がAの赤ん坊の隣に現れて、こう呟いたのだった。

「根絶やしにしたい……根絶やしにしたい……」

四柱推命では、Aの話とは裏腹に、Aから婚家に悪意を向けているという鑑定結果が出た。

Kさんは混乱を押し隠して、とりあえずAと赤ん坊を帰らせた。すると白い女も消えた。
二、三日して、件の弁財天からKさんに連絡が入った。
「Aさん親子をお祓い致しました。旦那さまの写真も拝見しましたが、蛇憑きですね」

それから間を置かず、今度は母から電話があった。

「お得意さんが刺繍して娘さんの着物にすると言って反物を預けていったんだけど、その後すぐに娘さんが子宮癌になったから、あの反物は験《げん》が悪いんじゃないかって相談に来られて、聞けば○○呉服店が店じまいするにあたってタダでくれた反物だと言うんだよ。○○といえばあのAさんの家だ。だからお得意さんにAさんのことを話したら、気味が悪いから○○がくれた品物を全部貰ってほしいって言われたんだけど……どうしたらいいと思う?」

そのお得意さんは、代々蛇を祀り、蛇神のご加護で蓄財したと言われる名家の婦人だった。

Kさんは自分の手には余ると思い、とっておきの知人に助けを求めた。信頼に足る知識と霊感を備えた〃現代の陰陽師〃の異名のある人と、たまたま顔見知りだったのである。

「家系の断絶を望んでいる女は白蛇の精で、正しい依代に帰りたがっているだけです」

件の知人からそう教えられた途端、Kさんは、娘が修学旅行で長崎県の壱岐《いき》市に行っていることを思い出した。壱岐市には、龍蛇《りゅうだ》神を祀る龍蛇神社がある。龍蛇は海蛇のことだ。

娘のスマホに連絡すると、今まさに龍蛇神社の本殿に臨んでいると返信があった。

明らかに導かれている。Kさんは南方を向き「已さま、お帰りください」と一心に祈った。

そして、例のお得意さんや母と共に弁財天でお祓いを受け、〇〇の反物も浄めてもらった。

尚〃神戸のA〃については謎が残った。Kさんを訪ねてきたAは神戸の親戚など聞いたこともないと言い、また、刺繍ギャラリーの芳名帳にも結局そんな記名は存在しなかったのだ。

刺繍工房のお得意さんの娘は癌を克服した。Aは離婚して、実家で子どもと暮らしている。

私が頂いた二反の反物は、その後、素敵な着物に化けた。

Collector

怪談図書館

桜井館長

Sakurai Kanchou

Kaidan-Ya

8

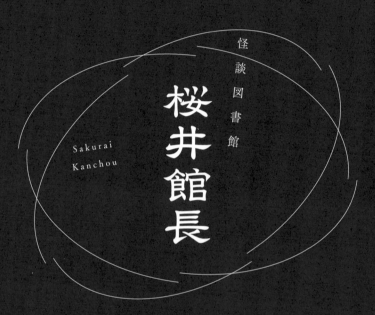

Profile

桜井館長

心霊写真蒐集研究家。埼玉県桶川市出身。1973年7月24日生まれ。

幼少時の怪異体験から心霊現象に関心を持ち、心霊写真・心霊動画の蒐集と研究を続ける。蒐集した心霊写真などは500点以上にのぼり、本邦随一の心霊写真／動画専門の怪談家。怪談界隈では30年あまりの活動歴を誇り、ゲーム開発者、イラストレーター、怪談家、さらにはコンビニ店長の肩書を持つ異色の存在として知られる。

専門学校在学中に、リイド社の怪奇漫画雑誌のコンテストに入賞して漫画家デビュー。読み切りマンガを不定期に発表していたが、卒業後は大手玩具メーカー系列のゲーム会社に就職。キャラクターデザインを手掛けた後、ゲーム開発、営業にも携わり、最終的に系列会社の東京支部代表に就任。80年代後半より、同社の事業として心霊スポット動画コンテンツを企画。企画からプロデュース、司会進行、編集まで、およそ全工程を担当。

また同じく80年代後半から、心霊写真を用いた怪談イベントを自主開催しはじめる。

90年代初頭から心霊写真・心霊動画を公開するライブイベントを主催、動画コンテンツの企画制作販売およびイベントの企画開催を行う《怪談図書館》を主宰。怪談ユニット「怪談図書館」の館長として司書役の保志乃弓季、関谷まゆこらと共に活動を開始。

2015年、家族と共にコンビニエンスストアを経営するため、42歳でゲーム会社を退社。

コンビニ店長職と並行して、怪談DVDの製作、電子書籍出版などの事業を手掛けつつ、2016年、桜井伸也名義で『埼玉の怖い話』をTOブックスより上梓。

同じく2016年、桜井館長名義で竹書房文庫より『恐怖実話怪談図書館』を上梓。

2017年、ドキュメンタリー映像作品『本当の心霊投稿コレクション 禁断のファイル』に企画参画および出演（監督：鎌倉泰川／提供：竹書房）。

〝怪談図書館の桜井館長〟として「北野誠のおまえら行くな」などテレビ番組やネットの配信番組、怪談イベントのゲスト出演者としても人気が高い。

怪談図書館
HP

怪談図書館
YouTube

桜井館長の流転と原点、現在地

Road to Kaidan-Ya

頭の奥で明滅する原点の風景。郷愁のストロボフラッシュが照らす桜井館長のそれは、少年時代に悪友たちと探検した埼玉近郊の心霊スポットや、薄暗いカラオケボックスで怪談に興じたひとときだったかもしれない。

それとも、集めはじめた心霊写真を飽きずに眺めた、黄昏の子ども部屋だろうか。

農家出身の父は運送会社を起業し、同じく農家出身の母は父が運転するトラックの助手席に乗って積み下ろしを助けた。そんな両親の長男で妹思いの兄である彼の、流転を想う。

絵が得意な子どもで絵画コンテストで入賞した。コンビニエンスストアでバイトした。新人漫画家だった。ホラー動画の制作を企画したゲーム会社の社員になった。

サラリーマンとしてのポジションは、キャラクターデザインから始まり、ゲーム開発、企画、営業と移り変わり、最後は系列会社の代表に就いた。

ゲームカセットがＤＶＤロムに変わり、映像ソフトの開発を任されたとき、彼の脳裏に閃いたのは、草いきれが青く満ちた雑木林や、打ち捨てられた廃屋の景色だった。

「昔、友だちとやっていた心霊スポット突撃です。あれをやればいいと思いつきました」

声優アイドルが注目されだした頃だった。

声優の卵たちと心霊スポットでロケをして、DVDを制作した。自らも被写体になり、司会進行役を務めた。

時を前後して、プライベートで怪談会を開きはじめた。

「僕は心霊写真を集めながら、撮影者の体験談を取材していました。その話を写真を見せながらお聞かせすると喜ばれた。僕の〝心霊写真怪談〟の原型ができたのはその頃です」

独り密かにコレクションしていた心霊写真を、彼は表に出すようになった。

写真の形態も時代につれて移ろった。

紙焼きのスチール写真から、携帯電話で撮った液晶画面の写真へ。

やがて動画も手軽に撮れるようになった。

スマホが普及しはじめた頃、両親が運送会社の経営から下りた。そして彼は会社の代表を辞任してコンビニの世界に戻り、家族経営のフランチャイズ店で店長になった。

ＩＴ機器の進歩と共に怪談会の形態が変遷、動画配信サイトが登場して、動画を配信できる時代の幕が開けると、怪談図書館と彼の知名度も上がった。

そして、偽心霊写真を作ることができる時代が到来。

「安価で作れるかどうか、プロのカメラマンに見定めてもらっていますが……検証済みで謂《いわ》れが明らかであっても、人にお伝えするときは慎重にならざるを得ません。『本物の可能性が60%ぐらいあると思います』という言い方を心がけています」

時代を見つめてきた心霊写真蒐集研究の大家は、あくまで謙虚なのだった。

待ち合わせ

桜井館長

十五年ほど前のことだ。Aという女性から怪談図書館にEメールが届いた。心霊写真を寄贈したいとのこと。ただし新潟の家で見つかった戦時中の紙焼き写真で、フィルムが無いのだという。

つまりこの世に一枚しかない貴重な写真である。手渡しで受け取るべきだろう。

幸いなことに、桜井館長の父は新潟出身で、祖父母は亡くなっているものの、親戚がまだあちらに住んでいて、多少は土地勘があった。

それにまた、ほどなくして、彼が代表を務めるゲーム会社で山村を舞台にした伝奇ミステリーのゲームを制作することが決まった。ゲームの素材として村落や里山の風景写真が必要になったが、彼が一人で行って近所で撮影するだけなら新潟の親戚も駄目とは言わないだろうし、制作予算を大幅に抑えられる。

金土日に予定を組めば、定休日を利用して新潟のAに会うこともできて、まさに一石二鳥。

新潟に出張する際に面会したいとAに書き送ると、金曜日の夜なら新潟駅付近で会うことができるという答えが返ってきた。

しかし諸事情あって、では今週の金曜に……とはならず、それから彼の新潟行きまで二ヶ月以上のタイムラグがあった。

そこでその間、彼はAとメールの往還を重ねて、問題の写真について詳しい情報を仕入れようとした。

写真の画像も添付ファイルにして送ってもらった。

セピア色に褪色しかかった白黒写真で、一見して古いものだとわかる。

被写体は、粗末な身なりの五、六歳の女の子と、その弟と思しき男の子。顔が似ているのでおそらく姉弟だ。彼らがカメラの方を向いてくっつきあって並び、荒れ果てた畑に佇んでいるのだが……その手前に半透明の日本兵が写り込んでいた。

厳密に言えば、旧日本帝国陸軍の一兵卒の遺体が。というのも腹の真ん中に大きな穴がポッカリと口を開けているので……。内臓や背骨を吹き飛ばされては生きてはおれまい。

命が尽きた瞬間の惨《むご》たらしい亡骸が、そのまま幽霊になって現れたかのようだ。

事実、Aの両親と共にこの写真を検分した彼女の祖父によれば、写真の場所は、空襲直後に指定された臨時の遺体安置所だという。Aのメールには、

「祖父は、こんな写真を持っていると不幸が起きると言って、手放したがっているのです」

と、書かれていた。

事前に連絡してくれたことに感謝して、尚もメールのやりとりを続けた。

心霊写真の蒐集研究家を任ずる立場として、その写真が発見に至るまでの経緯や撮影者と被写体について知りたかったのだ。

ところが、そこまで聞き出す前に、ある日、彼女からこんな報せが届いた。

「祖父が亡くなってしまいました。例の写真の影響だと思います」

さらに彼女は「祖父の遺品となりましたが、貰っていただけないでしょうか」と述べた。

祖父が亡くなったことで、桜井が怖気づくことを恐れたのかもしれない。

もちろん彼は当初の予定のまま、譲り受けるつもりであった。

そこで、なるべく希望に合わせるとAにメールで伝えたところ、URLが送られてきて、「新潟駅から徒歩五分の所です。二十一時半にここに来てください」と指定された。

やがて出張当日になった。金曜の早朝に東京を出発して午前中に新潟着、すぐに父が生まれ育った村に移動して撮影ロケを行った。そして夕方までに撮影を済ませると、予約しておいた新潟駅前のビジネスホテルにチェックインした。

Aと面会する時刻まで、まだ二時間ほどあった。

彼は、まだAから貰ったURLを確認していなかった。

飲食店のホームページに決まっていると思っていたのだ。それに、会社の代表としての業務もあって出張前は非常に慌ただしく、また、自分で新潟ロケをすると言い出した手前、失敗は許されなかったので、撮影が終わるまでは一ミリも気が抜けなかったのである。

飲食店のURLだと思い込んだのは、それが常識的な待ち合わせ場所だからだ。Aが三十代前半の女性で、メールの文章は知的であり、仕事に就いているようなので安心していた。

いつでも携帯電話でお互いにメールを送受信できることも、油断の原因となっていた。

ついでにもう一つ言い訳すべきことがある。URLを開いてみなかっただけではなく、彼はAの電話番号や住所も聞きそびれていた。待ち合わせするなら、せめて電話番号だけは把握しておくべきだとわかっていたが、Aが女性だから気を遣ってしまったのである。

——さて、宿で一息つくと、彼はおもむろに待ち合わせ場所のURLを開いた。

予想だにしていなかった安っぽいピンクや紫のロゴや宣伝コピーが画面に表示されて、ギョッとした。

なんと、ラブホテルのホームページだったのだ。

何かの手違いかもしれないと考えて、URLを貼りつけて「今、こちらに向かっています」と書いたメールをAに送信してみた。

すると即座にAから「○○○号室でお待ちしています」と返信があった。

Aがこんなにも当たり前のことのように返事を寄越したわけだから、ふつうのホテルなのだろうか、と、彼は思ったのだが。

訪ねてみれば、やはりそこはラブホテルだった。

やがて約束の二十一時半が迫ってきた。意を決してラブホテルの建物に足を踏み入れると、昭和レトロと呼ぶよりは単に内装の経年劣化が目立ち、入室するシステムも標準的なタッチパネル方式ではなく、受付で料金を先払いして部屋の鍵を預かる古いやり方だった。

受付といっても一般のホテルのようなカウンターはなく、壁に開いた小窓の向こうに世を倦《う》んだような顔をした年輩の女性が一人座っているだけである。

その小窓を覗き込んで「○○○号室で待ち合わせしています」と言ったところ、「そこの階段で二階に上がって廊下を右側に進んで三つ目の部屋です」と女性が教えてくれた。

料金は請求されなかった——Aが支払ってくれたのだ、と、彼は察した。

階段も廊下も薄汚く、カビと洗剤を混ぜたような厭な臭いがうっすらと漂っていた。

全体に設備がないと感じていたが、○○○号室の前まで来たら、ドアチャイムすら付いていなかった。

そこで仕方なくノックをして、低い声で「すみません。桜井です」と告げた。

返事がない。携帯電話で時刻を確かめると、ちょうど約束の時間だ。さらにもう一度ノックをし、さっきより声を張って「桜井です」と言って、ドアの内側に耳を澄ました。

何一つ物音が聞こえてこない。廊下も深閑と静まり返っている。まるで廃墟のようだ。

ふいに帰りたい衝動に駆られて「ドアの前にいます。開けてください」とAにメールした。

一秒、二秒……と、三分も待ったが返信はなく、試しにドアノブを握ってみたところ、力をこめるまでもなく、まるで手応えを感じさせずにスーッとドアが開いた。

異様なまでに濃密な黒一色。室内を満たした暗闇が姿を現した。と、同時に、目には見えない悪意の気配が部屋の奥から一挙に押し寄せてきた。

彼は慌ててドアを閉めると、必死で階段を駆け下りた。

闇に潜んでいた何かから逃げたい一心だった。

加速をつけて一階の廊下を駆け抜けようとしたが、例の受付の女性が飛び出してきて、凄い剣幕で「ちょっと！」と怒鳴ると彼の前に立ちふさがった。

「待ちな！　あんた上から来たね？　どういうことだい！　受付を済ませていないよ！」

「えっ？　さっき部屋の場所を教えていただいたばかりじゃありませんか」

「嘘を吐くな。あんたなんか見たこともない！　どこから入った？　警察を呼ぶよ！」

彼は女性を押しのけると自分の宿まで一目散に逃げ帰り、朝まで生きた心地がしなかった。

そして、その後一週間あまり、日に何度もAにメールしたという。

Aに事の次第を確かめたかったのだが、七日目か八日目の夜にメールを送信したらRecipient address rejected: User unknown（アドレスが見つかりません）と返ってきた。

それっきりだ。彼は、今ではAが本当に女性だったのかすら疑わしいと思っているとか。

怨みの姿――桜井館長

心霊写真だからといって亡霊が写っているとは限らない。たとえば、怪談図書館に送られてきた写真の中には、嫉妬や憎しみが写っているとしか思えないものがあった。

怨念の姿と呼んでもいい。

具体的にどんな写真だったかと言うと、一重まぶたの切れ長な目が印象的な女性が黒いドレスを着てバーカウンターに軽くもたれて立っているのだが、背後から伸びてきた巨大な手が、今しも、彼女の華奢な上半身を握りつぶそうとしているのだった。

さらに、ピントが合っていないのでボヤけてはいるが、手と見合うサイズの大きな顔がバーカウンターの奥に写り込み、黒いドレスの女を睨みつけているのである。

マンガやアニメが大ヒットした『進撃の巨人』さながら、巨人が人を喰う寸前の場面を模したかのようだが、写真の送り主によれば、実際にはクラブイベントの最中に「撮らされたスナップ」なのだという。

メールにはこう書かれていた。

「この女は、こういう目に遭って当然のひどい人間です。生まれが良いのを鼻に掛けて私を召使い扱いして、先日、会社のレクリエーションでクラブに行ったときも、私に撮影係を押し付けました。だから仕方なく撮ったら、こんなふうに写りました。本人はこの写真を怖がっていますが、いい気味です」

メールの返信で、詳しい事情を電話で伺いたいと言うと、あっさり了承された。

そこで電話を掛けたところ、若い女が出て、彼に対してヒステリックにまくし立てた。

「こいつがどんなに悪い女なのか今から私が話しますから、写真の解説に悪行を全部書いて〝ひどいことをするとこんな写真が撮れる〟〝因果応報〟なのだとわかるように世間に紹介してください！」

そこから先は、彼に止める隙を与えず、写真の女性に対する誹謗中傷の嵐……。

何を言っているのか聴き取れないほどの異常な早口だったが、怨みの深さは伝わってきた。

また、我慢して聞いているうちに、恋人だった男性をドレスの美女に奪われたことが、かろうじて理解できた。

元々嫌いだった女に好きな男を盗られたのだとしたら、こんなふうに怒り狂うのも無理はないのかもしれないと彼は思った。

彼女は、他にも同様の写真を持っていると彼に言い、しばらくして、再び写真をメールに添付して送ってきた。

こちらの被写体も前回と同じ女性だったが、今度は、二本の矢で顔を斜めに貫かれていた。一本は左のこめかみから、もう一本は左の頬から突き刺さって、どちらも先端が下顎を貫いているようだが、黄土色をした矢の全体が半ば透けていた。

幻の矢に射貫かれた顔の左半面が醜くひしゃげて、目鼻立ちもグンニャリと崩れている。

この写真のメールには文章が記されていなかった。

ご説明いただけますか、と、彼は返信を送ったが、音沙汰がないとのこと。

ペルソナ・ノン・グラータの炎

桜井館長

怪談図書館に写真を寄せた、とある女性の話。

彼女は若くして水商売の世界に飛び込み、二十代のうちに出資者を得て自分の店を出した。

一国一城の主となることは、野心のある夜の女の多くが抱く夢かもしれない。彼女にとってそれは生きるよすがだったと言ってもよかった。必死で働き、知恵を振り絞って、並み居るライバルを尻目に駆け上がって念願を叶えたのである。

開店パーティには大勢の人々が詰めかけた。

女友だちも六人駆けつけて、彼女を祝ってくれた。みんな同業の仲間たちだ。

この六人と彼女は写真を撮った。

店の開店を記念する、想い出の写真になるはずだった。

店のスタッフにスマホを託して撮ってもらうと、一枚目はふつうに写った。

二枚目。みんな笑顔でポーズを取り、スマホの画面に納まった。

ところが撮れた写真データを確認すると、二枚目の写真の中央、彼女がいるはずの場所に眩《まばゆ》く輝く光の柱が立っていた。

直径五、六十センチの白く灼熱した炎のエンタシスを、金色のフレアが覆っている。

あまりにも強い光のせいで画面全体が白飛びして、彼女を囲んでいる人々も、シルエットしか確認できなくなっていた。

一人、二人、三人、四人、五人、六人——七人目の女のシルエットが写っていて騒然となった。

その人影が示す体つきや髪形を見て、彼女はさらに慄然としたという。

以前から彼女をライバル視して、妬んできたホステスに違いなかったのだ。

何度となく厭な態度を取られてきたから、そのホステスは彼女の開店パーティに招かなかった。

店を開いたことは風の噂で伝わっているだろうが、知ったことではないと思っていた。

——来るはずのない者が異様な形で現れたのだ。

だから、そのときは「あの女は亡くなってしまったのでは」と彼女は思ったが、いつもどおりに夜の店で働いていることがすぐに確かめられた。

と、いうことは……その女は嫉妬の炎を燃やした結果、生霊を飛ばしたのだろうか。

それとも、彼女と和解したい想いがあったのか。

Collector

都市伝説蒐集家

早瀬康広

Hayase Yasuhiro

Kaidan-Ya

9

Profile

早瀬康広

都市伝説蒐集家。岡山県津山市出身。1988年3月14日生まれ。

幼少期から漫才やラジオのトーク番組に影響を受け、放送作家に憧れて高校卒業後に上京、2006年、芸人養成学校に入学するも約3ヶ月で退学。

同年から2011年頃までTV番組のADとして働く。某お笑い番組のレギュラー・スタッフとなるが、放送作家への夢を追って芸能プロダクションが運営する養成所に入学、後にユニットを組む岸本誠と出逢う。トップで卒業した岸本と卒業後はいったん進路が分かれるが、2015年、27歳のとき岸本と二人で若手放送作家による活動ユニットとして「都市ボーイズ」を結成。当初は都市伝説などをブログとポッドキャストで発信。

同年6月、YouTubeチャンネル「都市ボーイズ」を開設、配信開始。

2015年、2017年の2回、CSファミリー劇場「緊急オーディション！オカルトスター誕生」優勝。

2017年、2019年、関西テレビ「稲川淳二の怪談グランプリ」優勝。

呪物コレクターとして「祝祭の呪物展」(2022年)、「祝祭の呪物展2」(2023年)に蒐集品を出展。

怪談師、番組MCとしても活躍。「都市ボーイズ」のYouTubeチャンネル登録者数は32万人以上。

2021年から2023年にかけて、都市ボーイズ監修の単行本『怖い村の話』、『超・怖い村の話』、『本当にあった「呪いの手紙」の怖い話』、同文庫本『怖い村の話』、『行ってはいけない呪いの村』を宝島社より発売。

2023年、はやせやすひろ名義で初の単著『闇に染まりし、闇を祓う』をサンマーク出版より上梓。

都市ボーイズ
(YouTube)

X

早瀬康広はフォーク・ヒストリーの蒐集家である

Road to Kaidan-Ya

人の手を経た物には謂《いわ》れが付随する。たとえそれが大量生産品であっても、手にした者が新たな謂れを上書きする。たとえばAが呪いの儀式に用いた人形とBが妻と思って抱いた人形の製造販売元や型番が同じでも、時を経た後には異なる謂れを持つようになるだろう。

――早瀬康広のコレクションは物よりも、むしろ謂れの方に比重を置いている。

一〇〇点あまりの蒐集品を彼は「少ない」と言っていた。「増えづらい」とも。

彼は、逐一《ちくいち》、物の持ち主もしくは信奉者と対面して、その人の半生を含む謂れを傾聴する。

だから入手するまでに時間を要するのだ。現地に飛び、人の話を深く傾聴するために。

「僕の物には、一つ一つに物語が宿っているのです」

彼自身の物語は、昭和初期の猟奇事件として知られる〝津山三十人殺し〟があった場所に近い山あいで産声を上げた。

ある理由から、集落において彼の家は家族全員が忌避の対象になっており、学校でも理不尽ないじめにあった。先祖代々暮らす住民ばかりの集落は閉鎖的で、外に飛び出したのは同世代では彼だけ。娯楽も乏しく、家でラジオを愛聴したことが放送作家への憧憬を生んだ。

明るいとは言いかねる子ども時代において、毎年夏に開かれる〝ごんごまつり〟は数少ない良い想い出であり、土着信仰や民俗学的なことへの関心にも繋がったという。

「津山では河童のことを〝ごんご〟と呼ぶんです。ごんごまつりで河童しか出てこないお化け屋敷に入って……そのうち『ごんごって何だろう？』と思うようになりました」

その好奇心は、岡山県の伝承へ、ひいては世界中の民間信仰や伝説へと彼を導いていった。

「これは〝物〟が伴わない話なのですが……タイのピー・メー・ナーク（ナークお母さんの精霊）の怪談を読んだら『四谷怪談』のような実在の人物の話で、メー・ナーク信仰の寺院が今もあるというので、現地の人の想いを肌で感じたくなって、妻の実家を担保に旅費を借りて訪ねていったことがあります。謂れのあるものを

初めて手に入れたのは、2017年にミャンマーに行ったとき。オールドバガンのホテルのオーナーが『自分はチン族の末裔だ』と言って、敵対する部族を呪うために作られた首飾りを見せてくれたんです。オーナーからチン族の戦いや儀式の伝統について話を聴いているうちに、これを首に掛けたら僕にも不思議な力がついて借金が返せるはずだと思っちゃって、手に入れたくなりました」

都市伝説とは、市井で生きる無名の人々が織りなす、民間の謂れ（folk history）のことだ。民芸品や中古品が謂れによって息を吹き返す。その瞬間に覚えた興奮と喜びが、彼を次の探索へと誘うのだろう。権威を求めず、富への執着も薄く、そのため「妻には苦労を掛けた」と反省しつつも、「行きたいときに奇祭や何かの現場に行ければ満足です」と彼は言う。

呪詛の神棚

早瀬康広

早瀬が取材した当時、その男性は二十五、六歳だった。仮に名前をAとしておく。

Aは関西出身で、早瀬との面会から遡ること三年前まで、地元でいじめに遭っていた。

彼が所属する青年団のリーダー格の男二人が率先して彼を虐待し、他の団員たちは嘲笑もしくは黙認するといった調子で、時には暴力も伴うひどいいじめが入団以来ずっと続いていたのである。

田舎町の狭いコミュニティ内のことだ。いじめを先導する二人の男は共に五十代で、いずれも家庭を築いて町に深く根付き、信頼を集めていた。独身のAは外部の者に被害を訴えることもできず、耐えるばかり。青年団の面倒な仕事はすべて彼に押し付けられ、愉しい集まりでは仲間外れにされたり、方々で悪口を吹聴されたりし、事あるごとに小突かれ、叩かれ……。

孤立無援で、次第に気持ちが追いつめられる中、あるとき彼は神社の神主と知り合った。

その神主はAよりだいぶ年上だと思われたが、少しも偉ぶらず、ついぞ誰にも向けられたことのないような好い顔で気さくに話しかけてくれた。そのため彼の方でもなついて時々会いに行くようになった。

やがてAは、恥を忍んで、青年団でいじめられていることをこの人に打ち明けた。すると神主は彼に神棚を祀るように勧めた。

「神棚を神さまの依代にして、世界を良くすることを考えるといいんじゃないかな」

要は、「己の幸せばかり追求せず他者のために生きてみては?」とAを諭したわけだ。

Aは感銘を受け、神主に正しい神棚の祀り方を教えてもらった。

しかし習い終えると、ふと、誤った手順で神棚を祀ったらどうなるのだろうという素朴な疑問を抱いた。

「もしも間違った方法で……たとえば真逆のやり方でお祀りしたら何が起こるんですか?」

この質問を聞くと、神官はただちにAをいさめた。

「そんなことをしたら人死《ひとじ》にが出るぞ」

――神棚を利用すれば人を殺せると知って、Aは密かに喜んだ。

逆柱、逆拍手など、古来、上下や裏表を逆にすることは呪詛や不吉を招くとされている。

また「逆さ」の「サカ」は、言霊の力で憎い相手をあの世に送る呪詛ソング、奄美群島のサカ歌が例として挙げられるが、この世とは逆の世界、つまりあの世を指すとする説もある。

Aは神主の想いを汲まず、世の中を良くするどころか、憎い相手を排除するために神棚を悪用することに決めたのだった。

彼は、真新しい神棚を手に入れるとすぐに、いじめの首謀者である五十代の二人組を思い浮かべながらバラバラに解体した。神棚にお供えする神饌《しんせん》は、ふつうは米、塩、水だが、炊いたご飯と酒を用意して、数日間あえて放置した。

何日かすると、酒は蒸発して器に汚らしい跡を残すばかりとなり、米はドス黒く変色した。水と塩は浄める力で呪いを弱めそうなので省いた。

神棚を組み立てて、腐って饐《す》えた臭いを放つ神饌を置くと、何か特別な御神体が必要な気がしてきた。

その夜、Aは不思議な夢を見た。家の近所に、昔から禁足地だと言い伝えられている小さな円い丘があるのだが、そこに例の二人の男たちがいて、Aの陰口を叩いている夢だった。

腹を立てながら目を覚ますと、丑三つ時で、窓の外が暗かった。

Aは夢で見た丘に呼ばれているような気がして、急いで身支度すると、表に飛び出した。

月夜の晩だった。誰ともすれ違わずに件の丘に辿り着いた。

殺風景な場所である。昔、誰かが落ちて死んだという噂のある古井戸がポツリとあるきりで、何も無い。古墳なのかもしれないが、確かな記録は存在せず、調査されたこともない。

そんな誰にも顧みられない丘の頂上付近の地面が、ぼんやりと蒼白く光っていた。

何か閃めくものを感じて、Aは足もとに落ちていた木の枝を使って夢中でそこを掘り返した。

すると間もなく、土の中から拳大の硬い塊が現れた。

一見したところ石だと思えたが、持ってみると意外なほど軽い。木の化石だ。太古の昔から穢《けが》れた土地に眠りながら悪い気を吸ってきたのだ。これこそが求めていた御神体に違いない、と、Aは直感した。

この木の化石を家に持ち帰って、造りかけた神棚に向き合うと、どういうわけか、これからすべきことが次々に頭の中に浮かんできた。

彼は、まず件の化石を和紙でしっかり包んでおいて、親指の腹を噛み切り、噴き出した鮮血で包みを一周する線を描いた。

それを神棚のお宮に納めたところ、口と両手が勝手に動きはじめた。

「悪鬼さま、お宿りください」と、どこか恍惚とした口調で彼は四回繰り返し唱え、左右の手の甲と甲とを打ち合わせる逆拍手を六回鳴らした。

それからも何かしら、あれやこれやと儀式めいた動作をしたのだが、彼は、どの行為にどんな意味があるかも、やり方も知らなかった。ひとりでに体が動いたのである。

終わるときは、突然、すべきことが全部済んだとわかった。

翌日から相変わらずいじめられたのだが、およそ一ヶ月後に呪詛の効果が表れた。

問題の二人が相次いで急死したのだ。

ところがAも倒れてしまい、病院で診てもらったところ、片方の腎臓と肝臓に病変が見つかり、患部の摘出手術を受けることになった。

――人を呪うと自分の命も削られるんや。

彼は空恐ろしくなり、体力が回復すると、神棚と木の化石を、あの親切な神主がいるところではない、別の神社に持っていった。お浄めかお焚き上げをしてもらおうと思ったのだが、境内に足を踏み入れた途端に、そこの神主が飛んできて追い返された。

「帰れ！　もう来るな！」

鴉《からす》か鼠のように乱暴に追い立てられて唖然とした。

しかも他の神社や寺に行っても、同じように害獣を追い払うような扱いを受けた。

何べんも門前払いを喰らい、仕方なく神棚を持ち帰るうちに月日が経ち、そして……。

「呪いの神棚を引き取ってくれませんか」とAは早瀬康広に連絡したのである。

それが約三年前のことだった。


早瀬は、Aの依頼を快諾して、さっそく大阪まで足を運んだ。

Aはひどく陰気な青年だった。駅まで車で迎えに来てくれたのだが、インタビューをするために喫茶店に向かう道中も、店に着いてからも、一度も早瀬と目を合わせようとせず、終始、憂鬱な雰囲気を漂わせていた。

あらかた話を聞き終えると、木の化石を見つけた禁足地までAに案内してもらうことになった。

しかし、そこに到着する前に、Aが何か話したそうなそぶりを見せた。

「どうかされましたか？」

そう訊ねるとAは「実は、お話ししなければならないことが」と言って、彼にこう打ち明けた。

「もう神棚を使えなくなると思ったら、早瀬さんにお渡しする前に、あと一回、どうしても呪わなきゃ気が済まなくなって、青年団の誰でもいいから……と祈ったら今度は一ヶ月後ではなくて、呪った二日後に、唯一、怨んでいなかった後輩が事件に巻き込まれて刺し殺されてしまいました。青年団に入ってから日も浅く、僕を慕ってくれていたのに……」

それだけではなく、後輩の訃報と前後してAの母親が肺気胸で入院してしまったという。

早瀬は、木の化石や神饌の腐った米と汚れた酒杯ごと神棚を引き取ってくると、すぐに神饌を清潔な米・塩・水・酒と取り換えて、お宮の前に神鏡を立て、瑞々しい榊《さかき》を飾った。

木の化石は、これも神には違いなく、この神棚より他に棲む家も無かろうと憐れに思い、Aの血で線を引いた包み紙ごと、あえてお宮の中に残した。そして毎朝手を合わせて世界と愛妻の幸福を祈っていたところ、しばらくして、Aと再会する機会を得た。

久しぶりに会ったAは、溌剌《はつらつ》として、まるで憑き物が落ちたかのようだったという。

——私・川奈は、青年団の後輩など、とばっちりを受けた人を想って胸中複雑である。

怪談屋怪談

四

撮る

Director

スタジオ奇談

Director

撮影スタジオの話をしようと思う。

スタジオには心霊現象が頻発すると噂される所が珍しくない。

しかも、雑居ビルの一室のようなごく小規模なスタジオから、中古の民家を利用したハウススタジオや中層の建物一棟まるごとが貸しスタジオになっているケース、はたまたテレビ局やラジオ局の番組収録スタジオにまで、例外なく「噂の心霊スタジオ」が存在する。

原因はなんだろうと考えるとき、私が真っ先に思い浮かべるのは、松寿園《しょうじゅえん》スタジオだ。

松寿園スタジオは、かつて映像作品の撮影によく利用されており、二十四、五年前に私も二度ばかり仕事で訪れた。

現在は、すでに当時の建物は取り壊されて、跡地に集合住宅が建って久しい。当然のことながらお住まいの方々がいるので、本稿では所在地を伏せておく。

かつて、松寿園スタジオに幽霊が出没することは映像制作関係者の間では周知の事実だった。四半世紀も以前のことになるが、私が出演者として行った際にも、古参のビデオカメラマンや助監督が「ここ、出るんだよ」と言っていたものである。

そのときは、控室に入った直後にヘアメイク担当者が文字どおり倒れて床を転げまわって苦悶した挙句に救急搬送されたり、共演者が鏡に映った怪しい人影を目撃したり、私が奇妙な老人に遭遇したりもして、「出る」噂が裏づけられた——この一連の出来事については既刊の拙著に述べてしまっているから詳細を省くが、私が老人を見たことが、後にこの建物の過去を知ったときに、意味を持って浮かびあがってきたのだった。

同スタジオの建物は、一九七九年に老人ホーム「昭青会松寿園」として建てられた。

六十五歳以上の寝たきり老人を最大一二〇名まで収容可能な、地上三階、地下一階の鉄筋コンクリートのビルだったが、一九八七年六月六日二十三時二十分に二階のリネン室付近から火災が発生。逃げ遅れた十七名が死亡、重軽傷を負った二十五名からも死期を早めた者が相次ぐという悲惨な結果となった。

犠牲者はすべて老人。その多くがベッドに横たわったまま焼け死んだ。

出火原因は不明だが、『消防防災博物館（bousaihaku.com）』のＰＤＦ資料には放火が疑われた経緯が記されている。屋内の消火栓設備が使用されず、避難誘導も適切に行われなかった。炎と煙が迫る中、じわじわと炙り殺されたお年寄りたちの無念が残る建物だったのだ。

私は、撮影のために松寿園スタジオを訪れてからだいぶ経って、老人福祉施設で起きた事故の歴史を調べていたときに、たまたま松寿園の火災事件を知った。

そのとき咄嗟に脳裏に蘇ったのが、以前、撮影中に遭遇した老人だったことは言うまでもない。

松寿園の火災は、人的被害が大きかった割に、建物は二階が焼損しただけだった。そのため二階を中心にリフォームしただけで、そのままスタジオとして再利用されていた。

私がその老人に遭ったのは、一階の厨房セットのそばだったと記憶している。

今回あらためて『消防防災博物館』の資料を参照したところ、老人ホーム時代の厨房設備および厨房の隅にあったシャワールームが、スタジオになってもそのまま使われていたことが確認できた。

――たしか午後六時か七時だったと思う。撮影は終盤に差し掛かっていた。セット替えの合間にシャワールームを使って出てきたら、三メートルぐらい離れたところに七十代と思しき男性が黒い猫を抱いて佇んでいた。

天井に二基か三基取り付けられた照明器具の手前側だけ点いていた。老人の背後で、ステンレスの調理台やガスコンロが鈍く光り、どこかでブーンとモーターが低く唸っていた。カメラを止めるたびにエアコンを点けていたから、たぶんその音だ。足音や人の声も遠くから聞こえてきていたが、厨房には私と老人と猫しかいなかった。

「お疲れさまです」と私は挨拶した。変に思われる方もいるかもしれないが、これは撮影スタジオ利用者の決まり文句だ。

私は、その老人をスタジオの管理会社の人だと思ったのだ。

だって、そうだろう？　撮影クルーや共演者は全員顔見知りで、その中には年寄りはいない。取材記者が現場に来ることもあったが、記者の風体ではない。

それに、猫を抱いている。

私は、タレント犬を飼っているハウススタジオを知っていた。ここでも猫を飼っていて、撮影内容に応じて被写体として貸し出すのかもしれない。

猫は大人しく老人に抱かれていた。ラクダ色のニットのベストに黒い猫が映えて、妙に絵になっている。老人は私に返事をしなかった。

無表情にこちらを見つめたまま微動だにしないので、すぐに違和感が生じた。

私は彼から目を逸らして廊下に出た。そして通りかかった制作スタッフを呼び止めて、「変なおじいさんがいる。スタジオさんかな？」と言った。

――結論を急ごう。スタジオ管理会社の担当者は三十代の青年だった。だから制作スタッフは「侵入者だ」と言い、私を押しのけんばかりの勢いで厨房に飛び込んだのだが、老人と猫は姿を消していたのであった。

幽霊が出るようになった理由が推測できるスタジオは、松寿園の他にも存在した。

港区の住宅街にかつてあったハウススタジオは一家無理心中事件があった物件で、怖い噂が絶えなかった。

地下一階、地上三階の家なのだが、シャワールーム付きの地下の角部屋に外から鍵が掛かるようになっていて、暗い想像を掻き立てられたものだった。

また、二階のクローゼットに姉妹と思しき少女たちの肖像画がしまわれており、時々クローゼットの外に出ているのも不気味だった。誰かが取り出しただけなのかもしれないが、スタジオ内で小学生ぐらいの二人の少女を目撃する者が一人や二人ではなかったのだ。

それ以外にも、私が出演業をしていた二十年あまり前には、孤独死があったマンションの部屋や、住人が首つり自殺した民家がスタジオになっていたものだが、ほとんどの物件が今はスタジオ管理会社の手を離れている。

関東近郊のとあるハウススタジオは、まだ撮影に使われているようだが……。

そこでも少し不思議なことを体験した。

その家に元からあった昭和時代の黒電話を使って電話を掛ける演技をした際に、受話器から耳の中にプーッという音が流れ込んできた。

リハーサルでも本番でも、同じようにプーッという音がしていた。

電話機というのはそういうものだから何も疑問に思わず撮り終えたが、その場から離れる寸前にコードが抜けていることに気がついた。音がするはずがなかったのだ。

この家の元の主は、バブル景気が崩壊した頃に経済的に行き詰って首を吊ったと言われていた。ある男性俳優は、二階の書斎のドアを開けたら、天井の照明器具から首が長く伸びた中年男性がぶらさがっていたが、びっくりして悲鳴を上げた途端に消えたと話していた。

半信半疑だったが、電話の件があってからは今は信じている。

テレビやラジオの収録スタジオにも、同様に怪異の原因が察せられるものがある。

たとえば、テレビ番組や広告関係でよく使われていた東京都中央区のとあるスタジオは、隣接する公園や付近の川沿いと共に怪奇現象が多いことで知られている。

二十年ほど前までCMディレクターをしていた私の友人は、ここでテレビ用のコマーシャルを撮影していたときに、大勢の人々が走り回る足音に悩まされたことがあるという。

この界隈では燃え盛る炎の中を逃げまどいながら亡くなった空襲の犠牲者が多かったことが終戦後に講談社が頒布した『東京大空襲・戦災誌　第一巻』に記されている。

一九四五年の東京大空襲で亡くなった人々の怨霊が未だに土地を去らないのかもしれない。

撮影スタジオで怪異が起きやすいのは、いわゆる事故物件がスタジオ管理会社の手に渡ることが多いだろう。

事故物件とは、過去に自殺、殺人、火事などで死者が出た物件のことだ。心理的瑕疵物件として公示する義務があり、市場の標準的な価格よりかなり安く取り引きされることで知られている。公示義務は、借りられたり買われたりして居住実績を作れば消える。

スタジオ管理会社が買い取って使用しても同様で、転売するときは「大火災で何十人も焼死した」だの「一家心中があった」だのと明かす必要がなくなる。

だから事故物件を、いったんスタジオにするのは合理的な商売なのだ。ひと昔前までは、人が惨たらしく死んだ家や何かに住みたがる者は滅多にいなかったのだから。

しかし昨今は好んで事故物件に住みたがる人も少なくないそうだ。

二〇二二年、雑誌の企画で事故物件専門の不動産会社を取材したときに聞いた話だが、幽霊なんて出るわけがないのだから安いに越したことはないという理性的な判断をする人が近頃では珍しくないので、たいへん繁盛しているとか……。

そうしてみると、怪異が起きるスタジオは消えてゆく運命なのだろうか?

いや、そうとは限らない。事故物件的な理由が無くとも怪異が起きることもある。

二〇二三年の九月に「実話怪談倶楽部」というテレビ番組に出演したときのことだ。

三人の出演者が怪談を披露して怖さを競うという趣向の人気番組で、都内キー局のインターネットチャンネルやストリーミング動画サービスで配信される。

私は三度目の出演だった。その日の怪談担当はタレントの好井《よしい》まさおさんと、本書にもご登場いただいている怪談図書館・桜井館長、そして私の計三名。その他に、恐怖度を測る心拍数計測器を身に着けたゲストと番組レギュラーの司会者・兵動大樹《ひょうどうだいき》さんがいた。

私たち三人は、和室を模したセットに上がって怪談を語った。話し終えたらセットから下りて次の人にバトンタッチする。これを二巡した後、最も恐ろしい怪談を披露した者がご褒美としてもう一話だけ語らせてもらって番組終了となる。

天井からミシミシと変な音が聞こえはじめたのは、一巡目の終わり頃だろうか。

セットのそばに収録中の番組を映すモニターと椅子が何脚か置かれていて、話し終えると、次に自分の番が巡ってくるまでそこで待機することになっていた。

一回目の出番を終えて待機コーナーに向かおうとすると、天井で何かが動く気配がし、同時に……ミシッと音が。

思わず上を振り仰ぐと、作業用のキャットウォークや照明器具を取り付けるレールや頑丈そうな梁が縦横無尽に張り巡らされた高い天井が、視界いっぱいに広がった。

キャットウォークに人影はなかった。だが、またしてもミシミシッと音がした。

先に待機コーナーに座っていた桜井館長が話しかけてきた。

「さっきから妙な音がしませんか」

私は「ええ。ミシミシいってますね」と応えながら、彼の隣の椅子に腰を下ろした。

しばらくすると、今度は後ろで女性の話し声がした。声がくぐもっていて話の内容まではわからなかったが、誰かと会話しているような感じだった。特に小声ということもない。

同時に、私たちの背後を誰かが通り過ぎたような気もしたけれど、振り向くと誰もいない。桜井館長も後ろを振り返っていた。私と目が合うと、「スタッフさんが着けているイヤモニの音漏れかと思ったんですけど、違いますね」と言った。

たしかに、番組収録中の撮影スタッフはイヤーモニターを着けていることがある。

「ええ。女の人の声でしたが誰もいません。幽霊かしら」と私が応えると、桜井館長はちょっと嬉しそうに「これは、たぶん来ちゃいましたね」と呟いた。

その後も何度か天井がミシミシと鳴り、女の声も二、三回、聞こえた。

このテレビ局では、別のスタジオ付近で十二年ほど前に中年男性が自殺したそうだが、我々が聞いたのは女の声で、そことは場所も離れており、関係があるとは思えない。

私は桜井館長のせいだと睨んでいる。彼が話した怪談に、女の幽霊が登場していたのだ。

尚、彼が勝って、特別に三話目を語った。語っている間ずっと天井で何かが騒いでいた。


考えてみると、私が居合わせたケースでは、撮影スタジオで奇怪なことが起きても、証拠の映像が残ったためしがない。

都内のハウススタジオで鎌倉《かまくら》泰川《たいせん》監督の怪談番組「北野誠のおまえら行くな。」を収録していた際にも、壁掛け時計の秒針がカチコチと逆回転しだしたことがあった。

しかし、ビデオカメラを壁時計に向ける前に、秒針の動きが正常に戻ってしまった。

そのとき撮影に立ち会っていたプロデューサー──が、持っていた一眼レフで私たち出演者の驚きの表情を捉えてシャッターを切ったが、肝心の壁時計が画面から見切れていた。

もっとも時計を写せたとしても、写真の静止画では何が起きたのかわからないわけだが。

このときは、玄関に足を踏み入れた直後に、上がり框のそばの階段を昔懐かしいシッカロールの香りの水脈を引きながら上ってゆく人の気配も感じた。

匂いや気配なんて、ますます撮りようがないではないか？

こうした匂いや、黒猫を抱いた老人、いないはずの女の声、時計の針が逆回転した瞬間などを映像で残せていたら、私の話も説得力を持つのに……と考えると非常に残念だ。

怪しいスタジオは数々あっても、不思議を実証するのは難しいものだとつくづく思う。

Director

鎌倉泰川

プログラムピクチャー系映像監督

Kamakura Taisen

Kaidan-Ya

10

Profile

鎌倉泰川

プログラムピクチャー系映像監督。大阪府出身。1965年9月8日生まれ。

幼少期から父の転勤に伴って大阪・京都・熊本・兵庫・千葉と移り住む。

元アマチュア総合格闘家。中学のときからプロレスラーを志し、高校では柔道部に所属。高卒後に新日本プロレスの門を叩き体力審査に合格するものの入門ならず。その後、30歳を過ぎて再び格闘技道場の門を叩き、社会人として試合出場経験を重ねた。

1985年4月、和光大学映像学科に入学、ムービー&コマーシャルフィルムクラブ（M.F.C.）に参加して映像制作を始める。後に「おまえら行くな。」シリーズなどでタッグを組む加藤威史氏はサークルOBで、この当時から交流があった。

大学在学中から映像制作の企画制作のアルバイトに従事。メインのバイト先だった音楽映像制作会社に卒業後も就職。国内外のミュージシャンのMV／PVなどを制作。

2005年、竹書房の加藤威史氏の紹介で、ホラー映画『「超」怖い話 THE MOVIE/闇の映画祭』にオブザーバーとして参加、オープニング及びエンディング映像を監督し、本編外にもかかわらず観客投票で好評を博した。

2004年〜2009年にかけて映画『新 Zero WOMAN 0課の女再び』『秋葉男』『彦いち噺』『秋葉男Z』を監督。

2010年より、監督／撮影担当及び、北野誠や西浦和也らと共に出演したガチンコ・ホラー・ドキュメンタリー「北野誠のおまえら行くな。」シリーズ一作目のDVDが竹書房より発売。

2012年より「北野誠のおまえら行くな。」シリーズがエンタメ〜テレで制作・放送開始。回を重ねるにつれ不動の人気を獲得、10年を超える長寿番組となって2024年現在に至る。

2018年〜「おまえら行くな。」のスピンオフ・シリーズ「北野誠のぼくらは心霊探偵団」にて監督／撮影／出演。

鎌倉泰川について
／映画データベース
（allcinema）

X

鎌倉泰川の金剛力と行雲流水

Road
to
Kaidan-Ya

古来より金剛力士のような怪力の英雄伝説は数々あり、日本なら天岩戸をエイヤッと開けた天手力男命《あめのたちからおのみこと》が有名だ。東京ドームで行われた天《あま》照大御神《てらすおおみかみ》ならぬロック・スターBOØWYのラストライブで、通常四人がかりで移動させる二〇〇キロ以上のパンサー・クレーンをたった一人で持ち運んでいたのが彼、鎌倉泰川であった。

この働きぶりを買われたのをきっかけとしてミュージックビデオの制作に関わるようになった次第だが、そもそも彼はプロレスラーになりたかった。その夢が潰《つい》えると高校の恩師の勧めに従って大学を受験。当初は映画の特殊メイクに関心があったのだが、図らずも映像制作の道を歩むことになり、今ではガチンコ・ホラー・ドキュメンタリーの第一人者である。

こうした行雲流水《こううんりゅうすい》の歩みは、彼の虚心坦懐《きょしんたんかい》でありながら一本筋を通す性質に起因するのではなかろうか。

第三者の勧めや期待に素直に応えつつ、決して自分を枉《ま》げない。

そのことは、心霊動画や怪談に興味を持ったことがなかったにもかかわらず、先輩の紹介を抵抗なく受け容れた事実にも端的に表れている。

ただし、そのとき彼は「つまらないものは世に出したくない。かと言って、やらせや合成もやりたくない」という思いを強く抱いたのだという。

――成り行きに任せて撮るうちに怪奇現象が起きるかもしれず、起きないかもしれないという、やらせなしの心霊ドキュメンタリー「おまえら行くな。」はこうして生まれた。

民俗学者の及川祥平《おいかわしょうへい》は、著書『心霊スポット考』の中で「おまえら行くな。」は奇をてらった演出のないドキュメンタリーであり、教養番組の要素も持ちつつ、出演者と視聴者の心霊スポットに向ける眼差しに大きな隔たりがないと述べて、好意的な評価を与えている。

もっとも彼は、幽霊や怪奇現象を撮れると最初から信じていたわけではなく、むしろ無理を承知で始めたようなのだが、この心配は杞憂に終わった。

行雲流水の構えが怪を呼び寄せるのだろうか。初めての「おまえら行くな。」のロケ現場で、さっそく怪奇現象に見舞われたのである。

ビルの地下室で、何も無い空間や壁の中から異様な音が鳴り響いたそのとき、彼は咄嗟に音がした方へビデオカメラのレンズを向けた。

「世の中の心霊ビデオにはオバケが出た途端に逃げて終わるものが多いけれど、何か怪異があれば、むしろすかさず探究しに行きます」

徒手空拳の構えで怪しい場所に突撃しつづけて十年を超えたが、精神の金剛力は健在だ。

地下室ロケ——鎌倉泰川

二〇一〇年にDVDが発売された『北野誠のおまえら行くな　不死鳥編』のロケの初日のことだった。

鎌倉泰川は元より映像作家であり演出家であって、劇場公開される映画を手掛けた経験を持つ監督だったが、本作には企画当初から参画していた。このことが、やがて彼が、番組のオカルト方面のキュレーターを担う西浦和也や、主役兼司会進行役の北野誠と共に、レギュラー出演者に名を連ねることに繋がっていった次第だ。

当日は午前中から、以上三名が女性タレントなど数名のゲスト出演者やスタッフらと共に、まずは第一の撮影場所、豊島区西巣鴨の雑居ビルに集合した。

日中はこのビルの地下室で北野誠が怪談を語るパートを撮り、その後、夜になったら心霊スポットに移動する予定であった。

件の地下室は、ダンスレッスンや各種撮影などにレンタルする貸しスタジオとして営業しているとのことで、コンクリート打ちっぱなしの無機質な四角い部屋である。

広々としており、壁に手を当てるとひんやりと冷たい。

スタジオの管理人によれば、壁の向こうは〝土〟だという。

「このビルは角地に建っていて、裏手には妙行寺さんのお墓があります。その関係か、地下室があるのはこのビルぐらいです」

つまり、墓地と道路に囲まれていて、近接する建物には地下室がないとのこと。

ということは、雑音が入る心配も少ない。その点は監督として大いにありがたかった。

裏の妙行寺を指して「お岩さんのお墓のあるお寺さんですね」と事前に解説してくれたのは博覧強記の西浦和也だったろうか……。そう、今回のロケ地の付近に『四谷怪談』のヒロイン・於岩さまの墓を含む田宮家の墓所があるという前知識が、あるにはあった。

しかしそれ自体は別段、何とも思ってはいなかった。そもそも鎌倉泰川は、これまで心霊関係に興味を持ったためしがなかった。霊感があると思ったことも一度もない。

唯一と言っていい心霊体験は、ミュージックビデオの撮影のために山奥へ行った折、峠道に見知らぬおばあさんが現れて道案内してくれたと思ったら忽然と姿を消してしまい、不審に思っていたところ、後で地元の人から「あの辺りには老婆の幽霊が出る」と聞かされた、という出来事。言われてみれば神出鬼没ぶりに合点が行ったが、おばあさんの外見が善良そうな田舎の年寄りそのものだったので、あらためて怖がるには至らなかったものだ。

——さて、やがて件の地下室で撮影が始まった。北野誠が怪談を披露するパートであり、他の出演者は全員椅子に着席して話を傾聴する体勢を整えていた。

実は、この後ロケする心霊スポットの場面で何も起きなくとも、怖い雰囲気と北野誠が巧みに語る実話怪談があれば作品として成立し得るという目論見から、このパートを設けたのだった。北野誠は話芸の達人ではあるし、心霊スポットを突撃取材するテレビ番組の人気コーナーを長く担当し、怖い体験談を豊富に持っている。大いに頼りにしていた次第だ。

始まってみれば、期待に逸れず、北野の怪談は非常に怖くて面白かった。

ゲスト出演者一同も、息を呑んで話に惹き込まれている――と、突如として頭上から硬質なヒールの付いた靴で歩く足音が聞こえてきた。

再び彼の電話に西浦和也から着信があった。西浦和也の電話は目の前にあり、誰も触れていない。信じがたい気持ちで通話ボタンを押すと無言で切られた。

だが、着信履歴は残っている。彼は西浦和也と目を見交わして、着信履歴から恐るおそる返信してみた。すると西浦和也の電話が鳴った。

これには、二人とも黙り込んでしまった。

呆気に取られていると、次に、誰かが壁の一点を外側から拳で叩きはじめた。

その壁の向こうには、妙行寺の墓地と地続きの〝土〟しかないわけだが……。

出演者たちが騒然となった。彼らの表情や自然に口から飛び出した悲鳴や台詞を怪しい物音と共にしっかり収録して、宵の口には地下室のパートを撮り終えた。

それからすぐに、第二のロケ地である心霊スポットへ移動する準備を急いで始めた。慌ただしく機材を車に積み込んでいたら、ポケットの中で携帯電話が振動した。見れば、西浦和也から電話が着信している。だが西浦和也は彼のすぐそばにいた。

「今、僕に電話しました？」と彼は携帯電話の液晶画面を見せながら訊ねた。

「いいえ」と答えて、西浦和也も彼と同じように自分の携帯電話の画面をこちらへ向けた。発信履歴が表示されておリ、そこに鎌倉監督の名前や番号は見当たらなかった。

「おかしいですね」「ええ。どういうことでしょう？」——と、二人で顔を見合わせたそのとき、上の階に誰かいるのか？　と思いきや、その足音は、カン、カン、カン……と、パンプスを履いた若い女性が軽やかに鉄の梯子段を下りてくるかのように、何も無い空間を斜めに下ってきた。

姿は見えず、梯子段など存在しない。しかし音はリアルだった。

後日、彼が、件の地下スタジオの管理人にロケの報告方々あらためて話を聞いたところ、地下室を借りた人々から怪奇現象が報告されたことが何度もあると打ち明けられた。

「だから、お祓いを受けて、実は御札も貼っているのですが、効果がないようですね」

今更そんなことを聞かされても「そうですね」と応えるしかなかった。

——尚、現在その貸しスタジオは営業していない。

ホテル活魚——鎌倉泰川

立ち入り禁止となった心霊スポットは数多い。

通称「ホテル活魚《かつぎょ》」こと千葉県の旧・油井《ゆい》グランドホテルも、その一つ。

遅くとも一九九八年には廃業し、長年、荒れ果てた姿を晒していたが、二〇〇四年に女子高校生が集団暴行の果てに殺害され、亡骸を一階の業務用冷蔵庫に遺棄される事件が起きた後、心霊スポット化した。現在は自治体の管理物件で原則立ち入り禁止である。

十三、四年前、鎌倉監督が「おまえら行くな。」の番組ロケで訪れた際には誰でも出入りできた。ロケ隊一行は、建物の上階の方から見学しはじめた。最初は順調だったが、二階のある部屋に一歩足を踏み入れた途端、彼は強烈な腐敗臭を嗅ぐと同時に吐き気を覚えた。

室内には臭いの原因となるようなものは何も見当たらなかった。

しかしロケ隊の他の面々もひどい悪臭がすると言い、皆で逃げるように一階に下りた。すると、厭な臭いを感じた辺りのちょうど真下にあたる箇所に、業務用冷蔵庫の四角い跡が壁と床に残されていることがわかった。そこが殺害と死体遺棄の現場に違いなかった。

かつての遺体の幻臭を嗅いでしまったのか……と、思いつつ厨房の隣の部屋に移動して尚も撮影を続けていると、今度は、誰かが厨房側の壁を思い切り蹴った。

厨房には誰もいなかった。では、幽霊が壁を蹴ったのか？　だが、生前の被害者は優等生で大人しい女の子だったそうで、壁を蹴るような真似はしそうにないと誰しも思った。

あそこには他にも幽霊がいるのだろうか……と、ロケの後も、壁を蹴った音の正体を気にしていたところ、ある日、彼は別件の取引先の担当者に都内のバーへ連れて行かれた。

いわゆるガールズ・バーと呼ばれる、若い女性店員が接客する業態の店だった。

女性店員を交えて雑談する流れになると、彼は話題を提供するつもりで何の気はなしに「こないだ心霊スポットの〝活魚〟に行ったんですよ」と話した。すると女性店員がひどく驚いた表情になり、「私あそこの地元出身で、いろいろ知っていますよ」と言った。

聞けば、彼女は例の事件の犯人グループのうちの一人、当時十六、七歳だった少年の高校の後輩で、家も近所であり、顔見知りと言っていい仲だったという。

「事件の翌年、拘置されていた千葉刑務所内で、先輩は自殺しちゃったんですけどね」

鎌倉監督は、件のロケに同行していた北野誠に、彼女から聞いたことをそのまま伝えた。

北野は「壁を蹴ったのは自殺した少年だったのだろう」と言い、彼も同感だったという。

映画監督

夏目大一朗

Natsume Taichirou

Kaidan-Ya

11

Profile

夏目大一朗

映画監督。脚本家。俳優。「怨路地《うらろじ》」発起人。神奈川県出身。1976年10月2日生まれ。

日本映画学校（現日本映画大学）に進学、二年次より編集科を専攻。同校卒業後は映像制作会社に就職、ADや助監督として企業広報・TVドラマ・CMなどの映像制作に携わる。

20代半ばの頃、清水健太郎主演のVシネマ「雀鬼」シリーズのメイキング映像監督を数本手掛ける。その後フリーランスになり映画制作を開始。

2005年、『リンゴスター』が第7回インディーズムービー・フェスティバル入選。

2006年、『ママ&パパス』が第8回インディーズムービー・フェスティバル入選。同年、『バスハウスマスダンス』が第10回水戸短編映像祭で準グランプリを獲得。

2007年、『ルーダイアモンドナックルス』が第9回インディーズムービー・フェスティバル一般ムービー部門グランプリを獲得。

2009年、『スリーデイボーイズ』で商業映画監督／脚本家デビュー。

2016年、『ブローバックマウンテン』第1回調布で撮る！短編映画祭で優秀賞。

2017年9月、YouTubeチャンネル「心霊調査ビッグサマー」を開設、配信開始。

2017年、『静かな日常』でカナザワ映画祭「期待の新人監督」に選出。

2020年、怪談コンテスト「怪談最恐戦2020」でファイナリストに選出。

2020年、怪談ユニット「怨路地」を結成。ユニット名は芸人のシークエンスはやともの命名による。現在のメンバーは夏目大一朗、十二月田ゴロー、サヤカスター、祇園百、旭桃果、長谷川晏巳（休業中）。

2021年、KAIKEN GP初代チャンピオン。

2023年、「怪談最恐戦2023」で四天王に選出。2024年現在の監督映画最新作は『獣手』。監督／出演したホラー映画多数。

夏目大一朗について
／映画データベース
（allcinema）

怨路地
（YouTube）

心霊調査ビッグサマー
（YouTube）

X

夏目大一朗は何処から来たのか？ 彼は何者か？ 彼は何処へ行くのか？

Road to Kaidan-Ya

夏目大一朗は類例の無い人物だ。ポール・ゴーギャンの名画「我々は何処から来たのか？　我々は何者か？　我々は何処へ行くのか？」ではないが、彼の作品こそが彼自身の精神世界を表している……はずである。しかし一口に作品と言っても、それは映画なのか怪談なのか、映像作品に限っても創り手として捉えるべきか表現者として見るべきか、悩ましいのだ。

まるで鵺《ぬえ》のような存在だが、当然人の子であるから、まずは彼の出処から見てみよう。

彼は関東近郊で生まれ、現在も都内の市部で暮らしている。郊外に住む十代の少年の頃に役者を志し、オーディション専門誌を読んで自ら芸能事務所に応募した。その事務所がアクションものに力を入れていたことから〝やられ役〟としてVシネマに何度か出た。

Vシネマと聞いて軽く郷愁を覚える方もいるかもしれない。当時は九〇年代前半だった。

その頃から彼は映画をよく観ていた。次第に映像制作に関心を持つようになり、日本映画学校に進んだ。監督志向だったが「学校でセンスや芸術性は学べない。ここでは技術を学んだ方が良い」と判断し、あえて編集科を専攻した。

映画はフィルムからビデオテープへの転換期

にあり、学校では16ミリフィルムの編集技術を教えていた。16ミリのカメラを買って自主映画を撮ろうとしたが、未完成のまま卒業。

このとき二十一歳。都内の映像制作会社に就職して数年間働いた……が、映画の夢が冷めやらず、やがて退職してしまう。

「それからの五、六年が僕の暗黒時代です。なかなか出口が見えなくて……。フリーで自主制作映画を撮りながら、キャバクラ嬢の送迎バイトをしていました」

孤軍奮闘の日々だった。車を転がしてキャバ嬢を送り迎えし、校外の家に帰り、独りで脚本を書き、売れるあてのない映画を撮る。自ら出演し、編集も仕上げもすべて自分で担った。完成させるごとに上映会を開き、何度も映画祭に応募した。

潮目が変わったのは三十一、二歳の頃。大きな賞を獲り、インディーズムービー・フェスティバルでグランプリを受賞した。そして商業映画デビュー。

映像の仕事だけで食べていける状況になった三十代半ば、二ヶ月に約一本の割でホラー系のビデオの監督をする機会があり、やがて「ホラー映画監督」の肩書がついた。

怪談を語りはじめたのは二〇二〇年頃から。ニコニコ動画とYouTubeで雑談チャンネルとして始めた「怨路地チャンネル」の仲間たちと竹書房主催の怪談最恐戦にエントリーしたところ、彼を含むメンバー全員が最後の十二名まで勝ち残り、契機となった。

現在は人気怪談師の一人でもあり、近作の国産サメ映画『ラブ・シャーク』が話題になるなど映画監督としても大いに活躍中。次は何をしてくれるのか、目が離せない存在だ。

牛窪――夏目大一朗

二十三歳になって間もない十一月に、夏目大一朗は一生忘れ得ないものを一度ならず、二度までも見た。

初めは十月三十一日、日曜日の深夜だった。

笹塚《ささづか》の映像制作会社に勤めはじめて二年あまり経ち、ＡＤや助監督として追い使われることにも、不規則な業態にも、だいぶ慣れてきた頃である。

そのとき彼は、京王線の上り電車に揺られていた。

準特急新宿行きの最終電車。寝過ごさないためにドアにもたれて立ち、窓の外を流れる暗い景色を眺めていたが、ともすれば意識が飛びそうになった。

睡魔に襲われるのも無理はなかった。調布駅から乗り込んだのは二十三時五十六分で、ベッドに入っていてもおかしくない時刻。おまけに車内には暖房が利いていた。

千歳《ちとせ》烏山《からすやま》……明大前……。次で降りなければいけないとわかっていたのに、ハッと気づくと今しも電車が笹塚駅を発つところだった。

鼻先でドアが閉まり、降りるはずだった駅のホームがたちまち後ろに遠ざかる。

やってしまった。新宿駅から下り電車に乗って笹塚まで戻るしかない。

ドアに刳《く》った窓の外にコンクリート壁が現れた。京王線は、この辺りから新宿駅まで地下に潜る。見るとはなしに窓に目を向けていると、そのうち奇妙な構造物が視界に入ってきた。

彼が生まれる前に数年間だけ運用されていた旧初台駅《はつだい》の遺構《いこう》である。

駅名を示す看板はないが、白い円柱が連なっている辺りがホームの跡だと推察できる。

真ん中辺の柱の陰からワイシャツを着た男が出てきて、こちらに向かって近づいてきた。

思わず目を擦《こす》って二度見した。夜更けの廃駅に人がいるなんて……。

だが、見直しても間違いなくそれは人間であった。接近するにつれ顔がつぶさに見て取れるようになってきた。中年の男で、太ってても痩せてもいない。目を大きく見開き、口をしきりにパクパクと開閉している。少しもたつく足取りで彼の方へ歩いてくる。

必死に何か訴えかけているようだが、目を見開いているにもかかわらず、どこか虚脱した、極端に覇気《はき》に欠ける表情が不気味だった。強いて言うなら死人じみた顔つきである。

すぐに電車は旧初台駅を通過した。男の姿が目視できていたのは一瞬のことだったはずなのに、見ているときはスローモーションが掛かったかのように感じられ、口をパクパクさせている顔のイメージが脳裏に焼き付いてしまった。

二度目に忘れがたいものに遭遇したのは、それから四日後の十一月四日の午後二時頃のことだ。

笹塚のオフィスでデスクワークをしていたところ、突如、表で轟音が鳴った。建物が揺れるほどの大きな衝撃を伴う途轍もない音だったから、最初は近くで何かが爆発したのかと思った。

急ぎの仕事をしている最中だった。しかし同僚たちがわらわらと窓辺に駆け寄るのを見ると我慢できなくなり、彼もそわそわと椅子から腰を浮かして立ち上がった。

と、そのとき、カメラマンから「夏目、行くぞ」と強い口調で呼びつけられた。呼ばれて振り向いたときには、すでに当人はビデオカメラを担いで出口めがけて走っていた。有無を言わせないようすに釣り込まれ、慌てて背中を追いかけた。

建物の外に飛び出すと、一気に殺気立った喧噪に耳を塞がれた。

怒号、悲鳴、交通誘導する警官の金切り声、近づく救急車のサイレンの音。

彼の会社が入っている建物は、甲州街道上り線の交差点に面している。片道四車線の道路同士の辻《つじ》で、昼夜を問わず人通りが多い場所だ。

辻に、巨大なコンクリートミキサー車が横倒しになり、大量の生コンクリートをでろでろと吐き出していた。

車体の周辺に犠牲者たちが倒れており、後で知ったところでは十二名だったそうだが、そのうち二名は年端も行かない幼児で、三名が死亡したということで……。

彼が駆けつけたとき、ミキサー車のそばに仰向けに倒れていた女性は、まだ息があった。彼女は首を巡らしてこちらを向いた。なんとしたことか、目が合った。と、思うや否や、彼女は口をパクパクさせはじめた。二つの黒い穴と化した瞳、だらんと脱力しきった生気の失せた顔の中で、口だけが大きく開いたり閉じたりする。

「イーターイー、イーターイー」と彼女が訴えていることに気づくのと同時に、四日前に旧初台駅の遺構から現れた男の顔を思い出した。

あの男と、この女性は、まったく同じ口の動き、同じ表情ではないか。

灰色のコンクリートがでろりでろりと横から彼女に迫り、全身を呑み込もうとしていた。

「イーターイー、イーターイー」

声が聞こえるわけではない。いや、おそらく声は出ていない。息だけで苦痛を訴えている。

コンクリートが犠牲者たちを覆いはじめると、辻を埋める人だかりから一斉に絶望的な悲鳴が上がった。目を背ける者。助けようとして警官に制止される者。人々の反応はさまざまだったが、いずれにせよ、なすすべがなかった。

死んでゆく彼女の口は最後まで虚しく動いていた。

結局、この女性と、彼女と同じく、ミキサー車に轢かれた上に生コンクリートに浸された男性二名が亡くなった。他の被害者は命に別状がなかったが、全員横断歩道を渡っている最中にミキサー車が突っ込んできたとのこと。ミキサー車の運転手は歩行者を避けようとして急ブレーキを掛けたが間に合わず、咄嗟にハンドルを切ったために横転したのだった。

翌朝、夏目が笹塚の会社に出勤してくると、交差点の近くに長さ十数メートルのブレーキ痕が黒々と印されているのが目に入った。その痕は、事件の記憶を薄れさせまいとするかのように長い間消えなかった。


彼は、悲惨な事故があった辻のそばに、何かの祠が建っているのは知っていたが、それまで気に留めたことがなかった。

コンクリートミキサー車の一件の後、「ここは事故が多い場所なのだ」と説く人が周りに何人か現れた。

恐ろしい事故現場を目の当たりにして、あまつさえ口をパクパクさせる不気味な顔の印象が深く胸に刻まれてしまっていたがために、そんな事故多発の噂と相まって、もしかすると祠に由来する呪いが存在するのではないか……と、いつしか彼は思うようになった。

祠には、牛窪《うしくぼ》地蔵尊《じぞうそん》という名前が付いていた。

石碑や石塔が何基か並んで建っている奥に、祠に護られた地蔵尊がある。そばに地元有志による地蔵の由緒書きが設置されており、そこに記されたことによれば、建立は江戸時代の正徳元年。

——かつてこの地では、牛裂きの刑という、牛を用いて両足から股を引き裂く酷刑が行われており、ここが窪地であることから「牛窪」の名が付いた。そして惨たらしく処刑された罪人たちの祟りで疫病が流行したので、鎮魂のために地蔵尊を祀ったのだという。

その昔、牛窪の窪地には血溜まりがあった。現代においてそこは事故多発地帯で、生コンクリートが犠牲者を襲った場所でもある。

事実、牛窪地蔵尊の石碑群の中には「交通事故遭難慰霊碑」が存在するのである。

彼は、二〇二一年に同じ場所で起きたひどい事故についても記憶している。

現場を見たわけではないし、ふつうは交通事故のニュースをいちいち思い返すことはないのだが、牛窪地蔵の辻で起きたというだけで気に掛かって忘れられなくなるのだ。

その年の一月四日の夜、タクシーが暴走して、横断歩道を渡っていた六名を次々にはねた。

このタクシー運転手は、事故直前にくも膜下出血を起こしていたことが後に明らかになっている。被害者のうち一名が死亡し、他五名も瀕死の重傷を負った。

タクシー運転手も、事故から二十日後に病院で息を引き取った。

その口が今わの際にパクパクと開閉していたかどうかは、わからない。

怪談屋怪談

五

Fortune teller

占う

言霊と占い

Fortune teller

私は言霊《ことだま》の力を強く信じる性質《たち》である。私が昔から作品群を愛読している泉鏡花《いずみきょうか》は書き損じた原稿を墨で塗り潰して、言霊の蘇りを防いだという。文字や声など何らかの形を与えられた言葉には魂が宿り、力を持つ。放置しておけば何をしでかすかわからないのだ。

そんな言霊の力を裏付けるような話に、『夢野《ゆめの》の鹿』という古い逸話がある。

実は『夢野の鹿』は夢占いの伝説として紹介されることが多いのだが、私に言わせれば、言霊と占いが切っても切り離せないことの好例であり、むしろ言霊の存在を裏付ける怪談の一種である。ご存じの方もいらっしゃるだろうが、まずはどんな話かご紹介しよう。

――昔、摂津国《せっつのくに》菟餓野《とがの》に鹿の夫婦が棲んでいた。あるとき夫の牡鹿《おじか》が、降る雪が自分の背中に白く積もり、そこから薄《すすき》が生えてくる夢を視た。

牝鹿は、この夢にはどんな意味があるのか知りたいと思い、そこで「こんな夢を視たよ」と妻の牝鹿《めじか》に打ち明けた。

すると牝鹿は、かねて夫が妾《めかけ》とねんごろなことに嫉妬を燃やしていたので、恐ろしい未来を予見したようなことを言って脅せば、妾の家へ行くのを止められるだろうと考えた。

「背中に生えた薄は、弓矢で射られて背に矢が突き立つということです。そして雪は、亡骸になったあなたの体に塗られる塩を表しているのでしょう」

だが、夫は妾のところへ出掛け、その道中で本当に弓矢で射られて殺されたのであった。

如何だろう？　嫉妬する妻の言葉は占いではなく、呪詛《じゅそ》となって、夫に災厄をもたらしたのであるまいか。……私にはそう思える。

占いは常に呪詛性を帯びる。忌まわしい未来を予言する占いと、恐ろしい呪詛との間には、明確な違いが存在しない。悪い占いも不吉な呪詛の言葉も、同じ種類の恐れを生じさせる。

たとえば、神社仏閣へ物見遊山に行ったついでおみくじを引いて吉凶を占ったとき、悪い結果が出たとする。占いの結果が悪くても、神さまからの戒めであると受け留めるべきだとか、凶運が占われた瞬間が底で、以後は運気が上昇してゆく一方だからむしろ喜ぶべきだと諭す方々もいらっしゃるが、綺麗ごとだ。

悪い言葉は怖い。悪しき言霊は家に持ち帰らず、境内に捨てていきたいと思うのが人情というものだ。そのために、おみくじ売り場のそばには、十中八九、おみくじを結びつけておく枝や棚など特定の場所が設けられている。

四谷怪談や累《かさね》ヶ《が》淵《ふち》といった代表的な古典怪談でお馴染みの「七代までも祟り殺す」という怨念のこもった呪いの言葉も、不吉な未来を告げている点で、悪い占いに似ている。

古典怪談の怨霊の言霊パワーは凄まじくて、江戸の実話怪談と呼ぶべき実録モノ『四谷《よつや》雑《ぞう》談集《だんしゅう》』（四谷怪談の原案）では、近所の関係者まで残さず死に絶えて、家々が潰れた跡地が原初の武蔵野の姿に戻ってしまう。『死霊解脱物語聞書《しりょうげだつものがたりききがき》』（累ヶ淵の原案）では、お江戸のゴースト・バスターと呼ぶべき祐天上人《ゆうてんしょうにん》に折伏《しゃくぶく》してもらって、かろうじて一人だけ生き残ることができたが……祐天上人のような霊験あらたかな高僧は滅多にいないので、呪われたが最後、絶望的だと思われる。

言霊がすべて悪いわけではない。言祝《ことほ》ぎの力というものがある。

折節に触れて「お幸せに」「良い年を」などと大切な人を言祝ぐと人間関係が円滑になり、いつか己《おのれ》にも良いことがある。美しい言葉には良い循環を促す力があると思う。

――以上のような考え方だから、私はどちらかと言えば占いには消極的だ。

占い師そのものに対する不信感も拭えない。『夢野の鹿』の牝鹿のように二心《ふたごころ》ある占い師にあたったら、どんな呪いの言葉を告げられるかわからないではないか？

妬まれたり怨まれたりしないように生きていても、占い師が全員善人とは限らない。

生来の悪人が占い師になる場合もあるに違いない。四谷怪談の悪役・伊右衛門は、実録『四谷雑談集』によれば、婿入り前まで筮竹《ぜいちく》を使う占い師をやっていた。美貌の占い師として婦女子のファンが引きも切らずだったとか。その当時から嘘つきだったのであろう。

そんな冗談みたいな話はさておき、通り魔のように誰彼となく呪いの言葉を告げる、悪い人間にあたったらどうする？　実際に、そのような体験談を傾聴したことがある。

仮のお名前を由里《ゆり》さんとする。由里さんは今から七、八年前に大学を卒業して、都内の企業に就職した。

彼女の実家は静岡の郊外にあり、裕福ではなかったから、就職するにあたっては女子寮がある会社を探したという。なるべく長く寮に住んで、貯蓄に励む心づもりだった。

幸い正社員で採用され、社員寮に入ることができた。最初の二、三ヶ月は目まぐるしく時が過ぎた。やがて社会人になって初めてのゴールデンウィークを迎えることになったが、彼女は散財せずに、実家で骨休めしようと考えていた。

しかし仲良くなった同僚のAが、そのことを残念がった。

「どこにも行かないの？　せめて一日ぐらい私につきあってよ」

Aは一緒に高尾山に行こうと由里さんを誘った。八王子市の高尾山なら静岡からも日帰りできる。そこで快諾したところ、他にも知り合いを誘いたいとAが言った。

「由里も誰か連れておいで」と言われて、郷里の幼なじみ、Bの顔が頭に浮かんだ。

さっそくBに連絡すると、Bは由里さんの誘いを喜んで受けた。Bも静岡の実家で連休を過ごすつもりだったとのこと。

当日はBと二人で静岡を出発し、昼前に高尾山口駅でAたちと集合した。

Aは、Cという女性を連れてきて、高校時代の同級生だと由里さんたちに紹介した。

同世代の女四人。初心者用の一号路を歩き、しかも途中でリフトを利用したので、登る道すがらおしゃべりに興じる余裕があり、すぐに打ち解けた雰囲気になった。

山頂近くに薬王院《やくおういん》という古刹《こさつ》がある。高尾山に来た者の大半が参拝する場所だ。四人もお詣りした後、境内を散策した。

そのときAが言い出して、みんなでおみくじを一回ずつ引いた。

ところが、どういうわけかA以外の三人が「末吉」を引き当ててしまった。

末吉の下に凶と大凶があるが、由里さん含め三人のおみくじには「待ち人：来ない」「失せ物：出てこない」「旅行：魔多し」といった調子で最悪の言葉が書き連ねてあった。

Aは大吉。由里さんたち三人は衝撃を受けて、おみくじを引き直そうとした。

だがAは「やめておきなよ。次は大凶が出るよ」と三人を止めた。

「どうして？」と由里さんが振り向くと、Aはニヤニヤと薄笑いを浮かべて、彼女の顔をじっと見つめた。何か腹に一物ありそうな暗い眼差しにたじろいでいると、Aはおもむろに三人を一人ずつ指差しながら、縁起でもない言葉を順繰りに告げはじめた。

「由里は大事な物を失くして、取り返しがつかないことになる」

「Bさんは交通事故を起こして、長い間、後遺症に苦しむ」

「Cは癌で三ヶ月後に死ぬ」

三人はAに腹を立てて詰め寄った。

「どういうつもり?」「なぜそんなことを言うの?」……と口々に責め立てると、Aは急にたじたじとなって「冗談だよ」と三人に応えた。

「本気にしないでよ。みんなが、おみくじなんかで騒いでいるから、からかっただけだよ」

洒落にならないと由里さんは思い、さっさと山を下りることにした。Bだけでなく、Aの連れだったCまでもが怒りが収まらないと言って彼女について来た。Aは「ごめん」と謝ったが、追いすがってくることはなく、その場に立ち尽くして三人を見送った。

連休明けのオフィスで、由里さんはAからあらためて謝罪されたが、元のように親しく付き合うことは二度となかった。

それから二週間ほどして、由里さんは仕事中に大切なデータ・ファイルを誤って削除してしまうという失敗を冒した。データ自体はリカバリーができたが、大切な提出期限に間に合わず、他の部署にまで迷惑を掛ける結果となった。

同僚たちの前で叱責を受け、慰めてくれる者もなく、居たたまれない思いをした。

その週末、彼女は実家に帰って両親にこのことを打ち明けた。父は「いつか名誉を挽回する機運が巡ってくるから早まって辞職するようなことだけは……」と彼女をなだめ、母は「もう少し頑張ってみなさい」と言った。そこまでは想定の範囲内だったのだが。

「あんたの友だちのBちゃんなんか、もっと大変よ。交通事故で大怪我をして……」

こう母が話しはじめたので、驚いた。聞けば、Bは一週間ほど前に、ガードレールを突き破って山の斜面に転落する事故を起こして重傷を負ったのだという。

「頭を強く打って、頸椎も傷めてしまったそうよ。入院して、まだ面会もできないって」

由里さんの脳裏に高尾山での一件が蘇った。末吉のおみくじ。Aに告げられた呪わしい言葉。彼女もBも、Aの言ったとおりになっているではないか……。

戦慄を覚えて、彼女は急いでCに連絡してみた。会ったときにSNSで連絡先を交換していたのである。あれ以来、音沙汰がない。「どうしてる？　元気？」と何気ないふうを装ってメッセージを送信すると、数時間後に返信があった。

「Aの予言があたっちゃったよ。私もう長くないみたい。そっちは無事？」

——Cは高尾からの帰宅直後に倒れて、搬送先の病院で脳腫瘍だと診断されていた。

「Aに気をつけて。私は高校のときから親友だと思っていたけれど、仲良くなったきっかけは、私をターゲットにしていじめる厭な先生のことをAが呪ってくれたからなの」

Aが『アイツはクビになるから大丈夫』とCに言った翌日、その教師は痴漢で現行犯逮捕されたのだという。

「偶然だと思っていたけれど、違うかもしれない。自分がこうなってみて、Aの周りには不幸が多すぎることに気がついた。Aのお兄さん、高校のクラスメートや先輩や、Aのうちの近所の子……私が知る限りでも十年足らずのうちに七、八人も亡くなっているんだよ」

由里さんはCに、自分とBに起きたことを説明した。

Cは「それもAの仕業だ」と書いて寄越した。

「でも私もAさんに何も悪いことはしていないよ?」

「私だって! Bさんなんて Aとは初対面じゃない? ……そこがAの怖いところだよ。Aは本当に私たちをからかっただけなのかも! 亡くなったAの周辺の人たちも、別に彼女と仲が良くも悪くもなかったような気がするから……。くれぐれも用心してね」

週明け、由里さんは上司に呼び出されて、一時的に地方の子会社に出向することを勧められた。叱責を受けてから会社は針のむしろだったから、解放されたい一心で承諾した。

そういう次第で、彼女はそれから約一年間、他県で過ごした。

再び本社に呼び戻される前に、Aが退社したことが風の噂で耳に届いた。

その頃にはすでにCは亡くなっていたが、メッセージのやりとりをした直後に、どうしてもCと会って話がしたくなり、由里さんは一度だけ病床を見舞っていた。

入院中のCは回らぬ舌で「Aはそのうち占い師になると思う」と彼女に言った。

理由を尋ねると「好きなだけ、やれるから」と答えたという。

やれるから……。由里さんには「殺せるから」という意味に受け取れたとのこと。

たぶんAは、戯れに人に危害を与えることを何とも思っていない言霊の能力者だ。

Cは死に、Bは事故から一年あまり経っても尚、怪我の後遺症に苦しんでいた。由里さんが被ったダメージが最も浅いが、それもAの気まぐれに過ぎないような感じがする。

あんな人間が本当に占い師になったとしたら恐ろしいことだが、由里さんは、私がインタビューした際にこうおっしゃっていた。

「Cさんの最期の直感はあたっているような気がします。私は今後、一生、占い師に占ってもらうことは致しません。もちろんAが占い師になったとしても私には避けられますよ？でも、Aみたいな人がこの世に一人しかないという保証もありませんよね？」


——さて、こんな話を聞いてしまうと、占い師全般、延《ひ》いては占いそのものが怖くなってしまうかもしれない。

しかしながら、私自身、お人柄や評判が素晴らしく、信頼が置ける占い師には占ってもらったこともあるし、おみくじも以前は引いていた。

たとえば、島田秀平さんには、手相や姓名、生年月日を視ていただいた。

私は島田さんと怪談イベントや配信番組を通じて知り合った。誠実で優しく、思慮深い方なので、この人になら占われてみたいと考えた次第だ。

思い当たるところの多い占い結果で、ありがたく受け留めた。

誰にでも当てはまるようなメッセージを、自分だけに向けられたように感じる現象をバーナム効果と呼ぶそうだが、これから先の人生を真摯に慎ましく生きる気力をもたらす言葉であれば、バーナムでもヘチマでもタワシでも構わないではないか？

良い言霊を授けてくれた島田さんに、私は心から感謝している。

今後、彼以外の誰かに占ってもらうとしても、悪意の言霊によって運命を傷つけられては困るから、やはり信用できる善意の人に視てもらいたいものだと思う。

おみくじは、五、六年前に、素敵なことばかり書き連ねてある大吉を引いて以来、引いたことがない。

その大吉は、高いところに飾って、朝な夕なに読み返し、言霊信心に努めている。

怪談師

島田秀平

Shimada Shuhei

Kaidan-Ya

12

Profile

島田秀平

手相芸人。怪談師。長野県長野市出身。

1977年12月5日生まれ。

ホリプロコム所属の漫才師／タレント。

1996年に、幼稚園から中学校までの同級生・赤岡典明とお笑いコンビ「号泣」を結成。2008年に解散し、2020年に再結成。解散していた時期、相方の赤岡は構成／放送作家として、島田はピン芸人として活動していた。単独で芸能界に留まるにあたって、事務所の大先輩の和田アキ子の「今からお笑い以外に二つやれることを頑張って、新年会に報告しに来なさい」と叱咤激励された。そこで「怪談と都市伝説」と「占い」を猛勉強したところ、怪談や占いの仕事が増えたという（本人談）。

2003年頃より、占い師〝原宿の母〟に手相占いの手ほどきを受けはじめた。


2007年、原宿の母から〝代々木の甥〟を襲名し、「手相芸人」として活動開始。

2008年、書籍『未確認噂話 首都神話』（講談社）、『島田秀平の手相占い』（河出書房新社）を相次いで上梓。以後、著作を数多く発表。占い関係の著書は累計百万部を超える。

2011年、R1グランプリ 準決勝進出。

2012年、稲川淳二の怪談グランプリで優勝。以降は怪談師としても人気が急上昇。

2014年、竹書房より鎌倉泰川監督のDVD『島田秀平　怪奇の方程式　戦慄！　投稿動画の怪談』を発売。

2020年にコンビ再結成。M1グランプリにエントリー。準々決勝に進出した。

現在はMCやコメンテーターとしても各メディアで幅広く活躍。YouTubeチャンネル「お怪談巡り」の登録者数は70万人を突破した。

島田秀平
オフィシャル

初耳怪談

島田秀平のお怪談巡り
（YouTube）

島田秀平のお開運巡り
（YouTube）

島田秀平の旅杯
（YouTube）

島田秀平の掌と真心

Road
to
Kaidan-Ya

お笑い芸人。手相を能くする占い師。怪談師。昨今では、機転が利いて人当たりの好い司会者として初めて彼を知る者も多いだろう。

私が思うに、島田秀平は益者三楽《えきしゃさんごう》を体現している。益を得る三つの楽しみの一つは音楽と儀礼とされているが、現代日本ではこれを話芸をも含む広義の娯楽に置き換えてもいいだろう。二つ目は他者の美点を話題にすること。三つ目は優れた友人を持つこと。

島田秀平は話芸と手相診断を用いて、この益者三楽を多くの人々に提供している。媒体が何であれ上質な愉しみを志向する彼の信念。礼節とユーモアを忘れず、さりげなく人を持ち上げる和やかな司会術。彼が選んだ番組ゲストの大半が彼の友になる、人柄の魅力。

切り口の多さは努力の証だ。占いを学びつづけて二十年。仕事の傍ら約十年前に慶應義塾大学通信教育課程文学部に入って心理学を履修。都市伝説や怪談関連の豊富な知識も猛勉強の賜物だという。高校生のときに父を喪い、若い頃は食うや食わずの貧しさも経験した。

だが悲愴感を微塵も感じさせないのは、常に人を喜ばせることを自ら愉しんできたからなのでは……。そう思わせるエピソードを幾つか拝聴した。

「小四の頃、担任の先生が週に一度、怪談をお話ししてくれました。それで怪談の魅力に目覚めて、小五の夏休みの自由研究は幽霊をテーマに選びました。本で幽霊について調べた上で、夜中の墓地に行って真面目にいろんな実験をして、いちいち『出ませんでした』と書いたら凄くウケて、小六の夏休みには幽霊をテーマに自由研究をする男子が続出。だからね、興味を持った順番でいくと、僕は、お笑いや手相よりも怪談の方が先なんですよ」

「相方の赤岡くんは優秀で、僕が落ちてしまった進学校に合格したんです。でも高校が違っても、ライブハウスで一緒にお笑いをやったり、彼の高校の学園祭でコンテストがあって漫才を披露したら優勝しちゃったり……。それで、二人でお笑いの道へ進もうと決めました」

「怖いの『怖』は心を表すりっしんべんに布と書く。布の向こう側が見えないから怖いわけです。だけど僕は正体がわからないものに昔から興味を惹かれるんですよ。占いも都市伝説も怪談も、わからないからと言って排除しませんよね。誰の話も受け容れるから、怪談が語られる場に流れる空気は不思議と優しいんですよ。……怪談について言えば、最近は、大切な人を亡くした方が一歩前に進めるような話が好いと思うようになりました」

「人を傷つけても占いがあたっていればいいとは思いません。だったら僕は、あたる占い師よりも、相手の気持ちを慮《おもんばか》ってやる気を導く伝え方ができる、善い占い師になりたい」

彼の掌には博愛精神が満ちている。いつまでも転がされていたくなる、ふんわり柔らかな言葉たち。笑ったり怖がったりするうちになぜか癒される、真心の伝道師の清栄を祈る。

吉相の不思議

島田秀平

占いは、命術《めいじゅつ》・卜術《ぼくじゅつ》・相術《そうじゅつ》の三種類に大別される。四柱推命など生年月日や土地など不変的な情報から運勢を占う命術。タロットカードなど偶然に意味を見出して占う卜術。

そして相術は物の形から吉凶を視る。相術はおしなべて開運を求める人に人気が高く、代表的なのが風水と手相だ。顔相も、手相ほどではないが日本人にとっては身近なもので、たとえば耳たぶのふくよかなことを「福耳」と呼ぶが、あれも顔相の一種である。

島田秀平が占いに関心を抱きはじめた約二十年前のこと、彼の後輩に双子の芸人コンビがいた。

彼らは一卵性双生児で容姿が酷似しており、血液型や誕生日も同じ。二人とも健康な若い男性で、ほぼ同じ顔をしているのに、弟は女性にモテて、兄の方は一向にモテなかった。

ファンレターも弟には山ほど送られてきて、兄には全然来ない。

そこで、島田が兄弟の手相を視ると、女性に好かれる弟の掌には人気線がくっきりと出ており、兄の掌にはそれがなかった。

――人気線が無い人が悲観的になってしまいそうな話だが、絶望するのはまだ早い。

島田によれば、手相は変えられる。さらには自然に変化することもあるというのだ。

〝ますかけ線〟という相がある。別名を天下取りの線とも言われるが、掌に横一文字に線が刻まれているという非常に珍しい形で、これを持つ者は滅多にいない。

徳川家康や豊臣秀吉の掌には、このますかけ線があったと伝えられている。

ところが、後世に遺された豊臣秀吉の右の手形を検分すると、ますかけ線に加えて、明らかに不自然な線が……いや、傷痕と思われるものが刻みつけられていたという。

秀吉の掌には、ますかけ線に加えて、手首に近い掌の付け根から中指の根本まで一本の筋が縦に引かれていたのだ。鋭利な刃物による傷を想像させる、明らかに皺とは異なる線だ。

この縦線は〝天下筋〟と呼ばれ、運命線が長く伸びた希少な相で、強運をもたらすと信じられている。恐らく秀吉には相術の知識があり、刃物で己の右手を切り裂いて運命を変えようとしたのだ。

島田は、かつて一度だけ天下筋を持つ人を視たことがある。映画『レッドクリフ』の主題歌を歌ったチベット出身の女性歌手・アランがその人だ。

アランの掌の天下筋も、深い切り傷の痕だった。聞けば、崖から落ちそうになったとき、咄嗟に木の枝を掴んだ際に掌の皮膚が裂けた、そのときの傷痕だとか……。

彼女の故郷は、カンゼ・チベット族自治州ロンタク県という中国四川省の奥地で、標高の高い山岳地帯にあり件の崖は生家の近所だった。九死に一生を得た代わり、掌には深い傷跡が刻み込まれたが、その直後に大きなオーディションが開催されることを偶然知ったことで道が開けた――と、彼女は島田に語った。

後天的にできた相が運命を切り拓く。彼によれば、こうした例がまだ他にもあるそうで、そのうち一つは、なんと彼自身の身に起きた。

手相芸人という肩書で呼ばれるようになる前、まだ一冊の本も上梓していなかった頃の手相と、彼の今の手相はまるで違うのだが、この変化はデビュー作を執筆している最中に起こった。

パソコンを使って原稿を書いていたところ、両手の掌の皮が剥けてきて、書き上げたときには文字どおり一皮剥けていたのだとか……。それから彼の快進撃が始まったのである。

似たような例として、インタビューの折に、彼は怪談師の村上ロックを挙げた。

「村上ロックさんがある日、怪談師になろうと決意して、その晩、蒲団に入って寝たら、掌が妙に熱く感じたそうなんです。そして朝目が覚めてみたら、一夜のうちにますかけ線が現れていたということです」

運命の変化につれて手相も変わるものなのかもしれない。

島田の知人男性には、掌に結婚線が出たり引っ込んだりした人がいるそうだ。

その男性は恋人ができたためしがなく、手相を視ても結婚線のカケラも無かった。だが、あるとき遂に彼を好いてくれる女性が現れ、相思相愛の仲になった。すると結婚線がにわかに出現して、仲が深まるにつれて線が濃くなっていった。

ところが、やがて二人が別れると、彼の結婚線は日に日に薄れて、消えてしまった。

相術にまつわる不思議な出来事は手相に限らない。

これは顔相の話。裕福な紳士が夜の店に来て、接客した女性従業員に「五年前の私です」と言いながら一枚の肖像写真を見せた。「今と違うでしょう?」と訊ねられ、女性が写真を観察すると、目の前の紳士の口の右端にある大きなホクロが、写真では右目の横にあった。

女性が驚くと、紳士は「五年前のこの頃、私は自殺しようとしていました」と身の上を語りはじめた。

「私は企業の営業マンでしたが営業成績が悪く、絶望して死を決意しました。その夜は最期の酒になると思いながら独りでビールを飲み、洗面所で歯を磨こうとしたところ、洗面台の鏡に映るくたびれた自分の顔の、目の横にあったホクロが、突然スーッと口の横まで移動したのです。あまりのことに自殺する気も失せて床に就き、翌朝、目が覚めると生まれ変わったかのように気分爽快で、思い切って会社を辞めて起業しました。今では社員をそれなりに抱えて、こういう所に遊びに来るゆとりもできたというわけなのです」

――私の顔や掌にも吉相が生じないかしら、と、心待ちにしたくなるような逸話である。

須須神社の桜

島田秀平

二〇二四年の元日に能登《のと》半島を襲った地震で甚大な被害を被った石川県珠洲《すず》市には、約一万三千人の人口に対しておよそ百五十もの神社仏閣がある。歴史ある古社も多く、今から二千年以上前の第十代崇神《すじん》天皇の頃に創建されたと言い伝えられる須須《すず》神社もその一つ。

境内に高座宮《たかくらぐう》、金分宮《きんぶんぐう》、奥宮《おくみや》の三社があり、高座宮の天津日高彦穂瓊瓊杵尊《あまつひこひこほのににぎのみこと》と金分宮の木花咲耶姫命《このはなさくやひめのみこと》が夫婦であることから、須須神社は、縁結びや安産祈願の神として古くから信仰を集めてきた。奥宮の祭神・御穂須須美命《みほすすみのみこと》は海の民の暮らしを護る産土《うぶすな》の女神で、このことから「東北鬼門日本海の守護神」とも呼ばれる。

須須神社の鳥居に島田秀平夫妻が目を留めたのは、二〇二一年十月十日のことだった。当時、島田の妻は臨月を迎えていた。子どもが生まれたら当分の間は遠出するのが難しくなる。今のうちに夫婦水入らずで旅行しよう。そう思って能登観光の計画を立てた。

出立当日は、能登空港でレンタカーを借りて、宿を予約した珠州岬の旅館を目指した。そして日本海沿いの道をひた走っていたとき、海を望む大鳥居が前方に見えてきたのだ。

あんなところに立派な鳥居が……と、興味を惹かれて車を停め、鳥居のそばにあった案内板を読んでみたところ、ここが須須神社という神社で、瓊瓊杵尊と木花咲耶姫を祀っていることから夫婦円満などに霊験あらたかであることがわかった。

何も知らずに来たのだが、二人にはこれが偶然とは思えなかった。木花咲耶姫は美貌の女神で、すでに出生前診断でお腹の子が女の子だとわかっていたせいもあり、神さまに導かれたのだと夫婦ともども直観した。

彼らは大いに喜んで、ここで安産祈願をした。

それからおみくじを引いたところ二人とも吉を引き当てた。どちらにも良いことばかりが書いてあり、島田は嬉しく思いながら、金分宮の前で妻の写真を立て続けに四枚も撮った。

すると四枚とも、ふっくらと膨らんだ妻のお腹のところに一輪の白い桜の花が写り込んでいた。どの写真にも五弁の花びらを備えた花の形が鮮やかに見て取れたが、秋の境内に実際には花など一つも咲いていなかった。木花咲耶姫は桜の化身である。奇跡が起きたのだ。

その翌年、二人の願いが通じて、安産で可愛い娘が誕生したという。

――私、川奈と本書の担当編集者もその写真を四枚とも拝見して、たしかに桜の花としか見えないと意見が一致した。木花咲耶姫の祝福のしるしに違いない。

おみくじも見せてもらい、ご夫妻のどちらが引いたおみくじかわからないが、「毎日生まれ変わったように丁寧に生きよ」という一言が強く印象に残った。……私も心がけねば。

受け継ぐ

怪談屋怪談 六

Inheritor

むじな、化け猫、四谷怪談。

Inheritor

本邦の古典怪談といえば、落語や講談、浄瑠璃、歌舞伎などで江戸時代から庶民に親しまれてきた物語を指すのが通り相場だ。

従って日本三大怪談といえば、四谷怪談・皿屋敷・牡丹燈籠ということになっている。四谷怪談には、四世鶴屋南北作の『東海道四谷怪談』と、講談の「四谷怪談」、それを春錦《しゅきん》亭柳桜《ていりゅうおう》が翻案した落語の「四谷怪談」、さらに、それらすべての原案となった作者不明の実録『四谷雑談集』があるので、ここでは単に「四谷怪談」としておく。

皿屋敷についても、本稿では大雑把に「皿屋敷」と呼びたい。なぜなら、伊藤篤《いとうあつし》作『日本の皿屋敷伝説』によれば、似たような古い伝説が全国各地のなんと四十八ヶ所で伝承されており、代表的な物語も、現在の近畿地方西部にあたる播州姫路を舞台とした「播州皿屋敷」と、江戸時代の武家屋敷町・番町を背景とした「番町皿屋敷」の二種類があるためだ。

牡丹燈籠は、中国明代の怪奇小説集『剪灯新話《せんとうしんわ》』に所収された物語『牡丹燈記《ぼたんとうき》』が原典で、講談では今でも『牡丹燈記』の題で語られている。これを江戸時代前期の作家・浅井了意《あさいりょうい》が翻案して『御伽婢子《おとぎぼうこ》』という怪奇物語集に収録した。さらにそれを三遊亭圓朝が改作した落語「牡丹燈籠」が大当たりした結果、物語があまねく知れ渡った次第だ。

他に、古典的な怪談として多くの方が思い浮かべるものに、「累ヶ淵」と「化け猫」と「のっぺらぼう」があるのではないか。累ヶ淵は、圓朝の落語「真景累ヶ淵」が有名にしたが、俗に「古がさね」と呼ばれる江戸時代の説話「累ヶ淵」という噺《はなし》もあり、いずれも原典は実際に起きた怨霊の憑依《ひょうい》騒動を記したとされる『死霊解脱物語聞書』である。

化け猫については、鍋島《なべしま》・有馬《ありま》・岡崎《おかざき》の話が日本三大化け猫騒動として知られているが、どれも創作怪談だ。鍋島は戦国時代に現在の佐賀県の辺りにあった肥前佐賀藩《ひぜんさがはん》のお家騒動を基にしており、有馬は江戸を舞台にした河竹默阿弥の戯作で、岡崎も今の愛知県にあった岡崎宿の辺りを舞台にした四世鶴屋南北作の歌舞伎『独道中五十三駅《ひとりたびごじゅうさんつぎ》』内の一編である。

のっぺらぼうは、小泉八雲作『怪談』の一編『MUJINA（貉）』や、江戸・本所七不思議の一つ〝置行堀《おいてけぼり》〟に登場する妖怪で、前述した他の古典怪談に比べると、物語よりも「顔が無い」といったビジュアルイメージが先行している印象がある。

実話怪談で飯を食う怪談屋稼業と、これら古典怪談は、基本的には重なるところがない。事実、かつての私は古典怪談を単なる趣味として愉しむのみだった。ところが、十数年前に青山霊園のそばに引っ越してきた頃から、古典の化け物が遠い存在ではなくなってきた。

——たとえば、のっぺらぼう。

十数年前から家族と暮らしている今の住まいのそばに青南《せいなん》小学校という創立百十周年を超える公立小学校があり、少し興味を持って調べてみたところ、この界隈の旧町名・赤坂区青山南町の通称「青南」が校名に残っていたことがわかった。

心霊スポットとして実話怪談でもお馴染みの青山霊園も、タクシー幽霊の話が報知新聞の「きのふけふ」に載った昭和七年頃には、赤坂区青南町二丁目か三丁目の辺りであった。

あるときから健康維持のために散歩に励みはじめてみると、青山霊園付近のこの辺りから赤坂の紀伊国坂《きのくにざか》の辺までは距離にして三キロ足らずで、楽に歩けることも知れた。

元々同じ赤坂区域だったのだから、近いのも道理である。

紀伊国坂といえば、小泉八雲が書いたのっぺらぼうの出没地帯だ。

無論、現代の赤坂に、顔に目鼻口のないお化けや人をたぶらかす貉《むじな》が出るわけがない。

しかし、二年ほど前のある朝、こんな出来事があった。

春先の午前六時頃のことだ。散歩ついでに豊川稲荷東京別院を参詣して、境内から出てきたところで「すいません」と呼び留められた。振り返ると、黒い中折れ帽を目深に被り、サングラスを掛けてマスクをしたお年寄りが左手に杖をついて立っており、私にこう尋ねた。

「お尋ねしますが、紀伊国坂はこの辺りですか」

「いいえ。ここから道なりに真っ直ぐ五百メートルぐらい行ったところです。私も今から向かうところなんですけど……ご一緒しましょうか？」

老人は「いいえ。それは申し訳ないから」と私の申し出を断った。正直なことを言うと私はホッとした。杖をついて歩く年寄りに歩調を合わせていては運動にならないのである。

「では、お先に失礼します。お気をつけて」と言って、先へ急いだ。

早足で歩き、五、六分で紀伊国坂の標柱《ひょうちゅう》のある三叉路に到着した。

道の左側は赤坂御所の敷地だが中に入れるわけではないし、他には標柱の付近に高層マンションが一棟あるだけの寂しい場所だ。

さっきの老人はこのマンションへ人を訪ねていくところだったのだろうか。他には何も無いし。ぼんやりとそんなことを思いつつ、赤坂御所の塀を横目に見ながら尚も歩いていると、前方の横断歩道の前に、黒い中折れ帽を被った人影が見えてきた。杖に体重を預けて斜めに傾いで立っている。サングラスとマスクをしているのが遠目にもわかった。

まさか……と、信じ難い気持ちで近づいてゆくと、間違いなく先刻の老人だった。

向こうも私に気がついた。「ああ、先ほどは、どうも」と帽子のつばに軽く手を当てて会釈を寄越した。私も釣られて軽く頭を下げながら「いえ」と曖昧に応えてしまったが、頭の中は疑問符だらけだった。いったいどうやって先回りしたのだろう。

そのとき私は咄嗟に閃いて「あっ、タクシーをお使いに?」と口走った。

すると老人は「いいえぇ」と怪しく間延びした調子で私に答えた。

――では、なぜ先回りできたのか?

その後今に至るまで疑問を抱えつづけていることを思えば、あのときすぐにそう聞き返せばよかったのかもしれない。だが当時は目の前の老人が凄まじく不気味に感じられてきて、口の中でゴニョゴニョと「そうですか」と呟くと、踵《きびす》を返して帰ってきてしまった。

途中で一度だけ振り向いたら、老人は横断歩道を渡っている最中だった。

ふつうの年寄りにしか見えない。あまり気にしないでおこうと私は決めた。しかし頻繁に紀伊国坂を通りかかる。忘れようにも忘れられず、繰り返し記憶を蘇らせているうちに、あれは、のっぺらぼうが当世風に扮装した姿だったのでは……と思いついた。

もちろん、帽子とサングラスとマスクで顔を隠しているからと言って、目や鼻の位置は見て取れたが、人相を説明するのは不可能だ。のっぺらぼうみたいなものだ。

昨今はサングラスとマスクなどで人相を不明瞭にした人が珍しくない。誰しもそうとは知らずにのっぺらぼうとすれ違っていることは、まさかあるまいが。

古典怪談の化け物が接近してきた話は、のっぺらぼうの他にもある。

化け猫については、五、六年前に、拙著の愛読者さんから三田の方に化け猫の塚があるという情報が寄せられたことから始まった。

「港区立赤羽小学校の校庭の隅に猫塚があることをご存じでしょうか。有馬の化け猫騒動にちなんだ石碑で、私は娘がこの小学校に通っていることから知りました」

こんな書き出しで始まったメッセージがSNSで送られてきたのだが、ここから先が一種の体験談になっていた。

「先日、学校を訪れたときにその塚のそばに見慣れない花束が置かれていたので、娘にこれは何かと訊ねましたら、いじめを苦にして自殺した子がいて、可哀そうだから生徒の誰かがお花を供えていると申しました。私は驚いて、日頃からお付き合いのある娘のクラスメイトのお母さまにそれとなく聞いてみたところ、いじめ自殺については事実無根のようでしたが、子どもたちの間では、猫塚にお尻を向けてはいけないだとか、逆に手を合わせて拝むと祟られるとか、おしっこを引っかけると化け猫憑きになるといった、いわゆる学校の怪談が話されているということでした。娘には変な噂に流されないように注意しました。でも嘘を吐くような子ではないし、特に根も葉も無いいじめ自殺の件は不思議でもあって、問題の猫塚についてあらためて調べてみたら、有馬の化け猫は、いじめを苦にして自殺した飼い主の仇討ちをした猫の話なのですね。猫塚のある場所は元は古墳で、古墳の本体はお隣の三田高等学校にあって、小さな丘になっていて、オセンチ山と呼ばれているそうです」

――面白く拝読したが、残念ながらこの話は実話怪談には向いていなかった。

いじめ自殺の事実を示す証拠がなく、二〇〇九年に東京都がオセンチ山の発掘調査を行った際に埋蔵物が何も発見できず、江戸時代の築山の跡だと結論づけられてもいた。つまり古墳ですらなかったことが、軽くネット検索しただけで明らかになってしまったのだ。

その際、赤羽小の猫塚が昭和時代に建てられたことを推察させる情報も入手した。

かつてここに「猫石」と呼ばれる石が存在した時期があり、その石は昭和五年に目黒区の防衛省研究所図書館の庭に移され、今もそこに置かれているとのこと。例の猫塚は歴史のある石碑にしては見るからに新しいのだが、昭和時代に作られたのであれば納得できる。

防衛省研究所図書館の猫石には文字が刻まれておらず、ふつうの庭石の体をしている。大石を屋敷神《やしきがみ》とする家は珍しくないから、有馬邸の家人の信仰を集めていなかったとは言い切れないものの、それすら眉唾だ。

――と、そこまで私がこの地の化け猫について疑わしく思う理由の一つに、有馬の化け猫騒動が成立した経緯と時期の問題がある。

幕末に南北が著した岡崎宿《おかざきじゅく》が舞台の化け猫歌舞伎が流行ったことを受け、明治の戯作者・黙阿弥《もくあみ》がそれを翻案して『有松染相撲浴衣《ありまつぞめすもうゆかた》』なる脚本を書いて猿若座で上演した。

この〝相撲浴衣〟が、実は有馬の化け猫の話なのである。

『有松染相撲浴衣』では有馬家の名は仮名にされており、関取が登場する。お相撲さんといむじな、化け猫、四谷怪談。

えば浴衣、浴衣といえば名古屋の名産品・有松染めこと有松絞りが上等で、有松から連想するのは有馬……という駄洒落による暗喩が意図されているのだ。これが当時の観衆に通じて、この芝居は「有馬の猫」という通称で呼ばれ、その後も歌舞伎や映画では「怪猫有馬猫」といった題名で何度も上演されてきた。三田の有馬家は明治維新後も伯爵家として東京に留まり、末裔には昭和の小説家・有馬頼義《ありまよりちか》もいたのだが、有馬家の面々がお怒りだったという話が出てこないところを見ると「金持ち喧嘩せず」の精神で看過していたのだろうか。

ともあれ、そんなわけで三田の猫塚には化け物の因縁は無さそうなのに、未だに学校の怪談が生まれつづけるというのは、言霊の成せる業だとしか考えられない。

創作された化け猫騒動の言霊が生じさせたのは、それだけではないかもしれない。

件の体験談を寄せていただいたのとちょうど同時に、前々から仕立てを頼んでおいた有松絞りの浴衣が家に届いたのだが、それの柄が、アラベスク風に絡み合う蔦の中に猫のシルエットが隠し絵となって描き込まれているというものだったのだ。

信じられないかもしれないが、誓って嘘ではない。

品物を注文した時点では、三田の猫塚について調べることになるとは予想だにしておらず、化け猫については子どもの頃に絵本で読んだ程度でほとんど何も知らなかった。

隠し絵の猫は、蔦のアラベスク文様に擬態しており、化け猫に通じる。

そんなことを想うせいで、件の浴衣の着心地が他の浴衣より涼しくなった。

二〇二三年に講談社から上梓した『眠れなくなる怪談沼　実話四谷怪談』という本のために調べ物を盛んにしていた時期に、お岩さまとの奇妙な共時性を実感したこともあった。

歌舞伎のお岩さまは、毒を盛られて顔が醜く崩れた上に刀で首を傷つけて怨み言を言いながら命が尽きるのだが、講談や落語では、入り婿の伊右衛門に騙されて家を乗っ取られた事実を知って奉公先から遁走し、青山久保村の南瓜畑で野垂れ死にしてしまう。

その青山久保村が現在の明治神宮外苑の辺りで、これまた我が家の近所であった。

講談や落語の速記本を読み込むまで、気がつかなかった暗合である。

取材当時は、四谷怪談にまつわる体験談も募集した。応募された中に、四谷三丁目交差点に面した芸能事務所のビルから飛び降り自殺をした女性歌手の逸話が出てくる話があり、その事件について調べてみたら、彼女の自宅が南青山にあったことがわかった。

今の私の住まいと同じ町内に彼女が住んでいたというだけではなく、そこで自殺未遂をして助けられた後に、あらためて事務所のビルの屋上から投身自殺したことも知った。

四谷怪談に関しては半年以上、他のすべてを投げ打ってとことん調べ尽くし、ついでに講談についても以前よりも少し明るくなった。

昭和の高度経済成長期から平成までの一億総テレビっ子の時代に講談の「四谷怪談」を流行らせた六代目一龍斎貞水《いちりゅうさいていすい》の墓が、田宮家の菩提寺・妙行寺に隣接する善養寺《ぜんようじ》にあることも、取材で仕入れた豆知識だ。

だが、六代目貞水の本名が、偶然にも鶴屋南北が『東海道四谷怪談』で物語に取り入れた忠臣蔵のモデルである赤穂事件の浅野内匠頭と同じ「浅野」姓であり、名前の方は私の息子と漢字や読み方まで一致していたことには、軽い驚きを禁じ得なかったものだ。

しかも隣の妙行寺には、赤穂事件の浅野家の女性たちのお墓や供養塔があり、お岩さまの墓は浅野家の墓の真裏に位置するのである。

六代目貞水は四谷怪談を語る運命だったのだと思いたくなる、妖しい暗合だ。

四谷怪談の本を書いている最中に、以前ある方から頂いた櫛と手鏡のセットがバッグの中で揃って真っ二つに割れていたのも、何やら恐ろしい。

それというのも、四谷付近の旧鮫河橋地区から西巣鴨に移転したときから、お岩さまのお墓には、お岩さま御愛用と伝えられる櫛と鏡が遺骨の代わりに納められているそうなのだ。

櫛と鏡が壊れたのは一種の警告だろうか。お岩さまがお怒りなのか……。

とりあえず、二月二十二日のお岩さまの法要には毎年参列しようと思う。

講談師

一龍斎貞寿

Ichiryusai Teiju

Kaidan-Ya

13

Profile

一龍斎貞寿

講談師。神奈川県横浜市出身。1973年2月25日生まれ。

産能短期大学卒業。学生時代から本の朗読を開始、卒業後は仕事の傍ら社会人サークルで朗読活動を継続。

2001年、28歳のとき六代目一龍斎貞水の講談「四谷怪談」を聴いて感銘を受け、年24回の鑑賞券が付く講談協会の後援会「ご贔屓連」に入会。たちまち鑑賞券を使い果たし、年に二回も「ご贔屓連」に入会し直したことから講談師の間で「きっと入門する」と噂された。

2003年、一龍斎貞心に入門。貞寿として同年10月より前座。

2008年、二ツ目昇進。

2009年より「講談紙芝居」の口演を開始。株式会社漫画家学会による渋谷画劇団に所属し、イベントや親子寄席など、絵と語りで子どもにも楽しめるオリジナル講談を展開。

明るい芸風と初心者にもわかりやすい講釈で好評を博す。

2017年、真打昇進。

講談師として寄席やさまざまな舞台で講釈を読みあげる他、司会や歴史ガイド等の経験も豊富。

一龍斎貞寿
オフィシャル

講談協会公式

オフィシャルブログ
「じゅじゅぶろぐ」

講談貞寿チャンネル
（YouTube）

X

一龍斎貞寿に聴く、講釈のいろはと怪談物について

Road to Kaidan-Ya

彼女が初めて足を運んだ講釈が六代目貞水の「四谷怪談」だったのは幸いなるかな。名人の十八番が、稀有な個性を持つ講談師を生んだ。

講談に魅了されて四半世紀あまり。今や一龍斎貞寿の修羅場調子は聴き取りやすさで比肩する講談師がいない。そして思わず惹き込まれて聴き込むうちに、伝統の枠を守りつつ、現代人の胸にもスッと落ちる独自の解釈を加えた構成の妙に気づかされるのだ。

「四谷怪談」との出逢いから入門までの約二年間で、東京の講談師全員の講談を聴き、考え抜いて一龍斎貞心に弟子入り。非常に勉強熱心なことで知られ、彼女ほど講談に詳しい講談師も珍しいというのがもっぱらの評判だ。最近では講談について講釈する機会も多いとか。

「講談は生き物。第三者としてト書きを語ることができるので、物語の骨格を保ちながら台詞やシチュエーションといった肉づけの部分を変えられます。伝統芸能の側面を持ちながら実は講談はとても自由度が高くて、たとえば同じ話を子ども向けに直すことも可能です。わかりやすい言葉を選びながら講談の型を守るには技術が必要ですが……」

貞寿は子ども向けの講談も得意とすると言わ

れている。そのルーツを物語るかのような修業時代のエピソードを聞いた。

「昔、講談のワークショップの担当者として貞水先生の『耳無し芳一』の小学校公演をお手伝いしたとき、子どもたちが泣きだしたら貞水先生が芳一の耳を千切らなかったという記憶があります。講談は客席を見ながら話すものですが、子どもの前で演ると学ぶことが多いのです。大人と違って忖度せず、怖ければ泣くし、退屈なら退屈そうにしますからね」

ご自身はテレビで心霊やオカルトの番組が盛んに放送されていた頃に子ども時代を過ごしたそうだが、講談師となった現在、興味がある怪談物はどのようなものなのか。

「私は講談界で難しい立ち位置にいます。年齢的に寄席に花を添えるだけの位置には座れませんし、同じタイプの女性の先輩講談師がいないので。だから私にできることを……と思うと、オリジナルの台本を書いて演ってみたいのが『六条御息所』。それから若い頃はできないと思っていた累ヶ淵の『豊志賀の死』も、そろそろ……。あとは、円山応挙の幽霊の話を」

講談は史実を基に創る。

実在した絵師・円山応挙の幽霊画「返魂香《はんごんこう》之《の》図《ず》」などにまつわる逸話を古典講談風に書き下ろしたいと彼女は語った。

かつて、悟道軒圓玉の速記本を参照しながら田宮岩という一人の女性の心理にフォーカスした独自解釈の「四谷怪談」を完成させた彼女のことだ。必ずやまた素晴らしい怪談物を聴かせてもらえると信じている。そのひたむきな講談愛が道を切り拓かんことを祈りつつ、講談の〆でお馴染みの「一席の読み終わり」ならぬ拙文の書き終わりとしたい。

四谷怪談の怪我

――一龍斎貞寿

怪談物は一龍斎のお家芸だが、「絶対に四谷怪談だけは演らない」と言い張る講談師は珍しくない。昔から四谷怪談を講釈するとお岩さまの祟りで怪我をしたり眼病に罹って目が腫れたりする者が多いとされて、恐れられてきたからだ。

貞寿が入門した一龍斎貞心《ていしん》師匠は「四谷怪談は仕掛けが多い上に暗い所で演るから事故が多い。だから事故が起きないように祈るためにお参りに行く」と説いていた。

彼女が名前を知る落語の師匠や先輩講談師にも〝四谷〟を演って障りが出た者がいる。たとえば噺家の柳家《やなぎや》蝠丸《ふくまる》師匠は、五年あまり前に浅草演芸ホールの七月公演で四谷怪談を口演していた最中に高座から客席に転落して足を骨折した。

蝠丸師匠は合理主義者で、田宮神社於岩稲荷や妙行寺を参詣しなかった。

だから祟られたのだと言って枕のネタにする噺家や講談師が未だに絶えない。

話す方も聴く方も、冗談半分本気半分でお岩さまの祟りをどこか怖がっているからネタになるのだ。

しかし貞寿は、苦心して書き下ろした貞寿版・四谷怪談については、お岩さまご本人の前で読んでも祟られないと思っていた。

彼女は、お岩さまの情念を恐ろしくも切ないものとして観客が味わえるように、愛情を持って四谷怪談を書き換えた。そこではお岩さまを単なる化け物に堕とすことなく、生身の女として描き切った——と、そんなふうに強く自負していたのである。

ところが、去年の春頃、夏の高座で噺家の雷門小助六《かみなりもんこすけろく》と件の四谷怪談の俥読《くるま》み（リレー講談。二人以上の者が一つの話を連続して読むもの）をすることが決まった矢先に、右目に怪我を負ってしまった。

帰宅が深夜になり、早く寝ようと思うあまり玄関の電気を点ける手間を惜しんで、薄暗い三和土で靴を脱いでいたら、鍵をうっかり足もとに落とした。

それを慌てて拾おうとしたところ、ドアノブに右目をガツンとぶつけたという次第だ。

氷嚢を右目に当てて寝たのだが、翌朝、起きてみたら、右目が凄まじく充血していた。

それが、真っ赤な血の玉に黒目を描いたかのような具合。驚いて眼科を受診した。

幸い角膜は傷ついておらず、白目が内出血しているだけだとわかった。

処方された目薬を貰って、その足で、噺家や講談師と開いている勉強会に参加した。

すると、そこへ来ていた雷門小助六が彼女の顔を見るや悲鳴を上げて言うことには、

「四谷怪談を習おうと思っていたのに、そういうのやめてくださいよ！　怖いから！」

貞寿は「小助六兄さんの邪念が入ったせいですよ」と言い返したという。

彼女は私にこの話をしたときも、「私の四谷怪談は祟られるような代物じゃありません」と言っていた。

とはいえ、貞心師匠の教えを守り、本番前にはちゃんとお参りしたとのこと。

紫の痣

一龍斎貞寿

貞寿は、死んだ姉の生まれ変わりだと母に言われながら育った。

六歳上の兄と自分との間に本来は姉がいたはずなのだが、姉は未熟児で生まれ、新生児室のガラス箱から出ることなく短い命を終えてしまった。

そのとき母は、「必ず生まれ変わってきなさいよ」と念じながら、小さな娘の背中を親指と人差し指で抓《つね》った。亡骸の背には、母の想いの強さを示すかのように、くっきりと紫色の痣《あざ》が残ったという。

それから三年後に彼女が生まれて、その背中を見た母は願いが実ったことを知った。死んだ姉娘につけたのとそっくりな痣が、寸分たがわず同じ位置に生まれつきついていたのである。

よくある蒙古斑とは明らかに見た目が異なる、打ち身のような紫の痣。痣が薄れてゆくに従って母は姉の生まれ変わりだと口にしなくなったが、すっかり消えたのは十二歳の頃だったという。

父の帰宅

一龍斎貞寿

若くして連れ合いを亡くすのは耐えがたいことだ。ましてや子どもがいたならば。

貞寿の母も、夫が急死したときは、上が満六歳、下が満一歳の二人の子を抱え、大きな苦しみの坩堝《るつぼ》へ放り込まれてしまった。

娘の貞寿は話すようになるのが早く、まだ一歳と半年ほどだったが、「いってらっちゃい」「おかえりなちゃい」と家族の見送りや出迎えをできるようになっていた。

夫は娘が可愛くてならず、貞寿が生まれてからというもの、残業せずに夕方の六時ちょうどに帰宅するほどだった。長女を赤ん坊のうちに亡くしていたせいもあるだろう。

六時になると夫が玄関のチャイムを鳴らし、幼い兄妹が父親を出迎えるためにパタパタと駆けていく。夫が逝き、そんな日常が壊れてしまった。

大黒柱を失って急に生活も苦しくなった。涙に暮れる暇もなく金策に追われ、四十九日を待たずに、母子三人で安アパートへ引っ越す算段がついた。

これまで住んでいた二階建ての家には夫の想い出が染みついていた。この家を手放して当座の生活費を工面しなければ……。泣く泣く引っ越し準備に追われていると、あるとき、玄関のチャイムが鳴った。

ハッとして顔を上げたところ、目に入った窓の外が暮れなずんでいた。子どもたちに晩御飯をやらなければ……と、思って立ち上がるのと同時に、その子どもらのにぎやかな足音と声が鼓膜を掻きまわした。

「お父さんだ！　お父さんが帰ってきた！」

「おかえりなちゃぁい！」

嬉しそうな兄妹の声。胸がドキドキと早鐘を打ち、もつれる足で玄関へ急ぐと、ちょうど息子がドアを開けたところだった。

外には誰もいなかった。庭で鳴く虫たちの声が流れ込んできただけであった。

――この日から毎日、午後六時になると同じ現象が繰り返された。

しばらくの間、母子三人だけの秘密にしていたが、次第に「苦悩のあまり心が病んでしまったのではないか」と自身の精神状態に不安を覚えはじめ、そんな矢先に四十九日法要の相談をしに親戚の家を訪ねたので、母は思い切って打ち明けてみた。

「あの人がいつもどおりにうちに帰ってきて、チャイムを鳴らすんです」

親戚たちは動揺した。彼女自身が思ったのと同様に、悲しみに耐え切れず心がどうかしてしまったに違いないと考えたのだ。伯母が膝を乗り出して、「そんなはずはないでしょう」と、この気の毒な義妹をなだめにかかった。

するとすると母は「でも本当に玄関のチャイムが鳴って、子どもたちが出迎えに駆けていくんですよ」と言い募った。「本当です。信じてください」

そこで翌日、伯母夫婦とその他二、三人、合わせて四、五人も親戚が家に来て、母子と一緒に六時のチャイムを待つことになった。

やがて時計の針がきっかり六時を指した。茶の間に全員集まって、今か今かとこの時を待っていたのだが。

――ピンポーン。

玄関のチャイムが鳴った。六歳の長男は知恵がついているから、親戚の顔色から何か察するところがあって、いつものように駆け出していこうとしなかったが、貞寿は大きな声で「おとうしゃん！」と叫ぶと玄関の方へ行こうとした。

「おかえりなちゃい」とコロコロと廊下へ走り出るのを、母を含めた大人たち一同が追いかけた。母が真っ先に貞寿に追いついて後ろから抱き止めると、その横をすり抜けて伯父が三和土に下りた。みんなが固唾を呑む中、ドアノブに手を掛けて、一息に開いた。

夕暮れの景色があるばかり。伯父が靴をつっかけて外に出ると、親戚たちもぞろぞろと従った。結局全員で辺りに人影がないのを確認して、再び家に引っ込んだ。

「死んでも死にきれなかったんだよ」「まだ四十九日にならないから」などと親戚は口々に言

い、貞寿たち子どもらの父親が午後六時に帰宅していることを信じた。

ほどなくして、母子はアパートへ引っ越した。

すると六時のチャイムが鳴ることはなくなった。この出来事は、後々まで親戚の間で語り草になった。


貞寿の父が再び家に現れたのは、彼女が小学校中学年、兄が中学生の頃のこと。

当時、兄は不良の仲間に入りかけていた。まだ非行と呼ぶほどの悪事には手を染めておらず、いわゆるツッパリらしい格好をして悪友とつるんでいる程度だったが、母と貞寿を心配させていた。

そのうち学校の夏休みの時季に入ると、兄はいよいよ外をほっつき歩くようになった。

お盆の入り日になっても兄はあいかわらず……と、思っていたら、盆の中日の朝、アパートの電気がすべて、浴室やトイレ、玄関に至るまで煌々と点いており、寝る前に消したはずなのに……と、母と貞寿が驚いていたら、「僕がやった」と兄が白状した。

「夜中にオシッコがしたくなって目が覚めて、トイレの方へ行くので、お母さんたちが寝ている和室を横切ろうとしたら、お父さんがそこにいた」

こう言って、兄は壁際の茶箪笥を指差した。

「それの前に正座して、キョロキョロと家の中を見回していたんだけど、僕に気づいて、こっちを向いた。何か言いたそうな顔だった。怖いのとビックリしたのとで、僕が固まっているると、お父さんはまた頭をあちこちに向けて辺りを観察しはじめた。お母さんが寝ている蒲団が僕の足もとにあったから、起こそうとして蒲団の上から叩いてみたけど、お母さんは全然起きない。お父さんの方を見ると、あっちもまた、スーッと振り向いて、僕のことをジーッと見つめるんだ……。オシッコが漏れそうな気がしてきて、思い切って家じゅう駆けまわって電気を全部点けてからトイレに飛び込んで、オシッコすると猛ダッシュで自分の蒲団に飛び込んだんだ」

だから家じゅうの電気が点いていたわけだ。その後、母が貞寿に「お父さんはあのとき、お兄ちゃんを心配して出てきたんだろうね」と言ったことがあったが、あれから兄が急に更生して真面目な良い子になったので、そんなふうに思ったのに違いない。

貞寿の兄は霊感を持っているらしく、ある冬の晩に季節外れの蚊に刺されたと言って彼が騒いだ途端に、祖父の訃報を知らせる電話が鳴ったこともあった。

こうしたことから貞寿は、亡くなった人は仏になって我々を見守ってくださっているのだと思うようになったという。亡者は怖くない、祟りなどは生きている人の想いが悪いことを引き寄せただけで、生者の方が恐ろしいのだ——と、彼女は述べていた。

Inheritor

満茶乃《かたりべ》

Masano

Kaidan-Ya

14

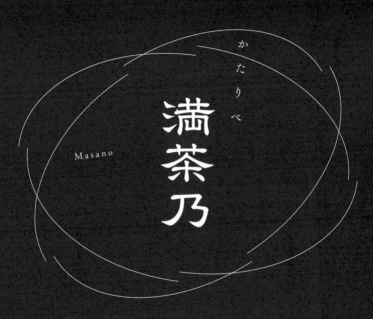

Profile

満茶乃

かたりべ。京の古典怪談師。兵庫県伊丹市出身。1981年8月生まれ。

空果梨堂（Ukkaridoh&Co.）代表。プロダクションCURRY所属。

高校時代に世阿弥の言葉と出会い、その後、交換留学で行ったオーストラリアで親日家のホストファミリーと出逢ったことも契機となって、日本文化に深く興味を抱く。

2000年、京都芸術大学の歴史遺産学科・能楽部「観世流 楽心会」に入門。故観世榮夫・故河村信重の両師に師事。退学後も2005年より、観世流能楽師・田茂井廣道が主宰する碧道会に入門。料亭や日本酒バーに勤務しつつ、能の稽古を心の拠り所として継続する。

2014年頃から、京町家を借りて和菓子やお茶を味わいながら和の空間を楽しむ親子イベントを主催。その後、説話や伝承を基に自ら脚本化した〝怪談がたり〟の活動を開始。

2015年、稲川淳二の怪談グランプリに出場、準優勝を飾る。その後も2018年に稲川淳二の怪談グランプリ10thチャンピオンバトルに出演。

2016年、琵琶奏者・中沢龍心と〝戸童〟を結成し、語りと演出を担当。

独自の世界観による古典怪談を得意とし、「戸童」の活動の他、怪談師として単独でも活躍。日本の伝統文化を伝える講演会や能楽の知識を活かした「世阿弥で子育て」などの親子ワークショップも好評。「京都知新」「島田秀平のお怪談巡り」など各種メディアに出演。

2018年からは東京でも独演会を開催するなど、幅広く活躍中。

満茶乃
オフィシャル

かたりべ満茶乃
（YouTube）

戸童

Instagram

満茶乃は今宵も世阿弥の夢を追いつつ語りつ旅枕

Road to Kaidan-Ya

今や各地を飛び回って活躍する満茶乃であるが、幼少期は集団行動に馴染めず、小中でもいじめに遭った。高校時代は良き友良き師に恵まれ、その後の人生を決する世阿弥との出逢いもあったが大学は鬱で退学。挫折の底から彼女を救ったのは能楽だった。

だが能楽師になりたいわけではないとのこと。

「能は総合芸術。舞囃子や謡《うたい》といった能の身体表現をはじめ心技体を学ぶことで、世阿弥の言葉を芯から理解できるのではないかと思っています」と彼女は語る。

能は、奈良時代に大陸から伝来し、室町時代に観阿弥・世阿弥が大成させた。

「私は室町時代にも強く惹かれていて、それが古典怪談を語ることにも繋がっているのですが、戦国の世に明日にも死ぬかもしれない武将たちが能を通じて美を追求した、そこに人間の多面性を感じるんです」

彼女が語る古典怪談は地方の伝承や宗教説話、あるいは軍記物といった古い文献に原典を求めている。そのような昔の説話には実際にあった何らかの事件の記録も多い。

「古典怪談の元になっている当時の話は、人間ドラマとして人から人へ語り継がれてきました。

実在の人々を描いたものなので、たとえそれが宗教説話だとしても、現代社会でも普遍的な信仰心や敬う心が必ずどこかで表現されています。本当の人間ドラマであるという重みを踏まえると、原典をないがしろにしたくない。語るにあたって多少編集することにはなりますが、大切な下りは端折らず、原型を歪めないように気をつけて……でも現代人にも理解できるように。絶妙なバランスを保ちながら台本を書くように心がけています」

言葉と人の感情の機微について満茶乃が目覚めたのは、おそらく高一のときだった。

《ふと、し出《い》ださんかかりを　うちまかせて心のままにさせすべし》

この『風姿花伝』の一節を読んだとき、世阿弥が説いた言葉の意味がするすると頭に入ってきたという。能の稽古を始める子どもについて「子ども自身の心のままに、自ずから出るしぐさや真似ごとをさせるがよい」と世阿弥は語った。

「その日、歴史の資料集で世阿弥のことが目に留まって興味が湧いたので、新潮古典集成『世阿弥芸術論集』を借りてきて、家に帰る電車の車内でさっそく読みました。……七歳の子に厳しく教えたら能への探求心が死ぬ。まずは心のままにやらせてみろ。この考え方に共感して、世阿弥と能についてもっと知りたくなりました」

元より読書が好きだった。その頃から学びつづけて今がある。説話を翻案した台本を自ら書き、一話ごとに世界観を構築して演出し、能の謡で得た技術を活かして自ら語る。つまずきも苦悩も、勤労や子育ての経験も芸に活きている。人生を映せばこその唯一無二だ。

トイレの怪

満茶乃

十数年前、満茶乃の娘が生後半年あまりの頃のことだった。

ある日、彼女は京都駅付近のショッピングモールに娘を連れて買い物に行った。出歩くときはモダンな抱っこ紐で前抱きにしていた時分である。

ベビー用品売り場で必要な物を買い込むと、帰途に就く前に娘の紙オムツを替えた方がいいだろうと考えて、売り場近くの公衆トイレに入った。

まずはオムツ交換台で紙オムツを取り替えた。それから自分も用を足そうと思い、一列に並んでいる幾つかの個室のうち、一番手前にあった一室に入った。

途端に、娘が火が点いたかのように激しく泣きだした。

困ったな、と、思いながら、抱っこ紐を解かずに急いで用を済まそうとしていたところ、時を置かず、カラカラという妙な音が耳に入った。

トイレットペーパーを引き出すときにロールが回って、あんな音を立てる。

奥の方の個室から聞こえてくるように感じ、最初は気に留めなかった。

しかし、その音が、いったん鳴り止むと少し近い所から再び聞こえだして、すぐにまた鳴り止み、さらに近い個室でカラカラと鳴りはじめたのだった。

変なことをする人がいる。うっすらした違和感を覚えて耳をそばだてていると、ついに隣の個室から、カラカラとトイレットペーパーのロールが回転する音が聞こえてきた。

にわかに寒気に襲われたような気がした。娘も顔を真っ赤にしてますます大声で泣き叫び、どうにかしなければ……という焦燥感も頂点に達した。

カラカラカラ、カラカラカラ、と、薄い壁一枚隔てた隣から音が、まだしている。

この事態から逃れたい一心で、彼女は慌ただしく衣服を整えて個室の外に飛び出した。

正面の壁に洗面台コーナーが造りつけられており、同じ幅の大きな鏡が、並んだ個室と赤ん坊を抱いた彼女自身の姿を映し出していた。

どの個室のドアも開いており、シン……と静まり返っていた。

尸童の琵琶

満茶乃

私も一度だけ琵琶奏者の方と共演したことがあり、そのとき現在市場に出回っている琵琶の多くが中古品だと知ったのだが、あまり意外には思わなかったものだ。

バイオリンなども名器と呼ばれるのは、たいがい十七世紀や十八世紀の名工の手による物だから、琵琶も似たような経緯で古い品物が取引されているのだろうと推察したのだ。

だが、詳しく話を聞いてみたら事実は少し違っていて、古い琵琶が使われている原因は、バイオリンと似たような側面もありつつ、琵琶を制作する職人が絶滅の危機に瀕しているためであった。日本琵琶楽協会によれば、二〇二四年一月現在、なんと琵琶専門店は東京の石田琵琶店が唯一。同店系列の工房が埼玉に一店舗あり、また、地方にも職人がわずかにいるものの、その人数は減少の一途を辿っているという。

そもそも日本琵琶楽協会の会員奏者が現在約三百名しかおらず、演奏人口は恐らく千人を切っている。琵琶の文化を支える土壌が消えつつあるのだ。

私が共演した坂田美子さんの薩摩琵琶も百年以上前に作られたアンティークだった。

――以下は、満茶乃さんの相方・中沢龍心さんの琵琶にまつわる話である。

満茶乃が中沢龍心と組んだのは、二〇一六年、彼女が京都のギャラリーで単独ライブを始めて二年あまり経った頃のことだった。

中沢龍心は薩摩琵琶奏者として彼女に紹介されたが、実は彼はヘヴィメタルバンドのヴォーカルや、ミクスチャーバンドのDJあるいはマニピュレーターとして活動してきた人だった。そんな彼が薩摩琵琶に心酔して琵琶奏者に転向したのは、二〇一三年暮れのことだという。だから彼女と出逢ったときには、まだ琵琶奏者としては三年目。今では琵琶をいくつか持っているそうだが、最初の頃は一面の琵琶を大事に使っていたという。

琵琶はおしなべて高価なものだ。ことに新品はオーダーメイドになるから尚更である。

彼が初めて手に入れた中古の琵琶は表板と裏板の接着面が剥がれかけていた上に、肝心の音が鳴らなかった。そんなひどい代物を、なぜ彼が選んだかといえば、内部に書かれた筆文字の一部と「吉村岳城《よしむらがくじょう》」の記銘を見つけたからだ。

中沢は研究熱心な性質で、琵琶を学ぶにあたって、名工や名奏者の系譜も調べていた。

吉村岳城は明治末期から昭和初期にかけて活躍した琵琶の名手である。薩摩琵琶の特性を生かした豪放な演奏が支持を集めた。その一方で琵琶の制作者として数々の名器を後世に遺し、さらには早稲田大学卒のインテリで、文筆家でもあり、漢詩や吟詠も能くした。

そんな吉村岳城の記銘入りの琵琶が、中古の民芸雑貨として売られていたのである。思いがけずお宝を発掘した中沢は、私が先述した東京の石田琵琶店に修復を依頼し、また、その際に、内部に記された文字の写真を撮ってほしいと注文をつけた。

やがて琵琶店から送られてきた写真を見て、中沢は驚いた。琵琶の内側が筆書きの文字でびっしりと埋め尽くされていたことが判明したのだ。解読したところ、《無佛》の時代における仏道について綴った文章に加えて、次のようなことが書かれていた。

「技術即ち是精神の発露なり。この琵琶を手に入れた者はしっかりと直して精進しなさい」

――ようするに説法である。わかりやすく「お説教」と言ってもいい。

どこか愚痴っぽい嘆き節から、晩年の姿が自ずと想像される。だが実際には吉村岳城が三十代だった一九二〇年代に制作された琵琶だということも、このとき明らかになった。よほどの自信作だったのだろうか。しばらくすると見違えるように美しく修復されて、中沢の手もとに返ってきた。

もちろん彼が心して修練を積もうと胸に誓っていたのは言うまでもない。

満茶乃と中沢は、いにしえの物語の魂の依代《よりしろ》となる覚悟を表して、彼ら自身を〝尸童《よりまし》〟と名づけて、京都で初公演を行うことになった。

京町家を改築した店舗を借りて、土間に椅子を並べて客席とし、小上がりをステージに見立てて上演をしたところ、開演から間もなく、客席が妙にざわついた。

後で数人の観客に尋ねてみたら、全員が口を揃えて「変な男が覗いていた」と言った。小上がりの端にある薄暗い階段の上から頭を突き出して、何者かが満茶乃と中沢を見ていたというのだが、そのとき二階には誰もいなかったはず……。

それからも〝戸童〟の公演をすると度々、男の影が観客に目撃された。

毎回ではなかった。しかし同じ現象が何度も繰り返されるうちに、中沢が最初に買った吉村岳城の琵琶を弾くときに限って姿を現すことがわかってきた。

目撃した観客は大勢いたが、男の人相風体は誰もはっきり憶えておらず、せいぜい「着物を着ていたようだ」というくらいしか証言が取れないのも、不思議なことだった。

満茶乃は、この話をこう締め括った。

「最近は出なくなったので、中沢の腕が上がったのでしょう」

Inheritor

噺家

柳家花ごめ

Yanagiya Kagome

Kaidan-Ya

15

Profile

柳家花ごめ

噺家。千葉県千葉市出身。1986年5月1日生まれ。

日本大学芸術学部卒業。中高では演劇部に所属し、大学でも照明や音響といった舞台演出技術を学ぶ。学生時代から落語を志望していたが落語研究会には入らず、一人で寄席に通いつづける。就活に悩み、卒業後の進路を求めて、柳家花緑師匠に弟子入り志願の手紙を送った。

花緑師匠は「楽屋で挨拶した後に手紙を送るのが弟子入りの常識」と考えていたが、一つ上の兄弟子・柳家花いちが「僕も手紙から始まりました」と口添え。無事に弟子入りを果たす。

2009年、柳家花緑に入門。

2009年11月21日、およそ半年の見習い期間を経て、前座となる。前座名は、まめ緑。

2014年6月11日、二ツ目昇進。柳家花ごめと改名。

2019年頃から実話怪談ライブに参加開始。

2020年、怪談イベント「怪談怪13」にゲスト出演。

2022年、「怪談最恐戦2022」に出場。怪談師としての認知度が一気に高まる。

2023年、渋谷ユーロライブにて定期開催されているホール落語会〝渋谷らくご〟にて「柳家花ごめの怪噺～落語で聴く実話怪談～」を初公演。以降、毎回ゲストを迎えながら2024年一月までに四公演を実施（継続中）。

2024年9月の真打昇進決定。

出囃子は「かごめかごめ」。古典落語を中心に、新作落語も口演。また、実話、創作問わず現代怪談語り等も手掛け、幅広い表現に挑戦中。

柳家花ごめ
オフィシャル

メールアドレス

X

柳家花ごめの噺や怪の事始め

Road to Kaidan-Ya

渋谷らくごの「柳家花ごめの怪噺《かいばなし》」には私も四回目にゲストとしてお招きに預かった。

昨今、怪談好きで柳家花ごめを知らないのはモグリであろう。この数年で怪談イベント界隈での知名度が急上昇した彼女に対し、かねて私は素朴な疑問を抱いていた。

なぜ噺家となり、そしてまた、なぜ怪談を語るのか。

「自宅に併設した動物病院で獣医をしている父が落語好きで、よく家で落語のCDを掛けていました。お蔭で子どもの頃から特に意識せずに落語を聴いていたんですよ。浅草演芸ホールにも家族で三回ぐらい行ったことがあります。でも、テレビでも何度も面白い落語を見たと思うのにはっきりした記憶がなくて……大学に入ってから都内の寄席に足を運びだして、今の師匠の柳家花緑、柳家喬太郎師匠、柳家小三治師匠などが好きになりました」

それでも、噺家になることを明確に目標として定めるまでには時間が掛かったとのこと。

「学生時代は演劇関係の仕事をしようかなぁと思って一応就職活動もしたんですよ。いろいろ試す中で、自然に落語に対する気持ちや知識といった一種の地盤が固まっていきました。噺家に限らないと思うんですけど、最初から何になりたいかはっきりした目的にしてしまうと、少しの挫折でポッキリ折れて辞めてしまいやすくなるのでは？　私の場合は、ゆっくり、じっくり、落語への志が醸成されていったのだと思います」

怪談については、小学校低学年の頃のこんな出来事を鮮やかに記憶しているという。

深夜に目を覚ましたところ、同じ部屋で寝ていた母親の顔が小型のブラウン管テレビを枕もとに置いており、その顔が蒼白く照らされていた。腹ばいに寝たまま、音量をうんと下げて何か番組を観ているのだ。好奇心に駆られ、母が見つめている画面を黙って観察すると、どうやら、夕食のときにテレビで観たことのある稲川淳二が怪談を披露していた。

「旅館の怪談を語っていました。ずっと後になって有名な話だったことを知りました」

話の中で旅館の女将が怪しい行動を取ったり人が亡くなったりしたそうだから、稲川淳二の初期の傑作『死の旅館』だと思われる。

当時六、七歳の柳家花ごめは、怖いと思いつつ、確かな描写力と筋運びの良さに魅了され、「この〝稲川体験〟のお蔭で怪談が好きになりました」とのこと。

「実話怪談界隈には、話を盛ってはいけないとする風潮があるけれど、そこにこだわりすぎると面白い話ができる土壌が痩せてしまいそう。稲川淳二さんも自らの作品に創作した部分があると認めていらっしゃいますよね。私は何よりも体験者が怪異に遭ったときの感情や感覚を高座で再現できるかどうかが一番大事だと思っています」

芸の真実は虚実皮膜の妙にある。古典であれ新作であれ、怪談噺も例外ではないのだ。

舐められた話

柳家花ごめ

柳家花ごめは独り暮らしをしている。両親や弟と離れて暮らすようになって久しく、今ではもうすっかり慣れた。静かな部屋に帰ってきて、黙って独り寝する毎日だ。

疲労が高じてくると金縛りに遭いやすい体質だが、無言でやり過ごし、誰に愚痴ることもなく終わる次第だ。数え切れないほど経験しているから、いつもは怖いとも思わない。

そもそも金縛りは科学的にすでに解明されている。

睡眠中の人は基本的に、身体の筋肉が弛緩しつつ脳は活動しているレム睡眠と、身体も脳も眠っているノンレム睡眠を交互に繰り返しているのだが、レム睡眠の最中に脳だけが覚醒してしまうことがある。これが金縛りで、原因は肉体的な疲労や体質。また、なぜか体験するのは十代から二十代の若者に多いと言われている。

こういった知識があるので、彼女も、あまり怖がらなくなっていたのである。

また、歳を取るに従って金縛りに遭うことも減ってきた。三十を過ぎてからは滅多にない。

だからもう、あんなことは二度と起きないだろうと思っているのだが。

——あんなこと。それは十年ほど前、二十七、八歳の頃に彼女が体験した出来事である。

彼女が金縛りになるのは決まって明け方で、そのときも早暁《そうぎょう》であった。

マンションの部屋は深閑と静まり返っており、夢うつつに、体が次第に重さを増して、ベッドに沈み込んでゆくかのような心地を覚えた。

「あっ。来るんだな」と直感し、金縛りを覚悟した。

予感があたって、三、四秒もすると、金縛りが始まった。

目を開けたつもりだが、本当は開けておらず、仰向けの姿勢から見上げている部屋の天井を含めて、すべて夢の中のようでもある。

「今、自分は夢を見ている」と自覚しつつ見る夢を、明晰夢と呼ぶ。

金縛りに遭っている状況を含めて明晰夢のような気もしたが、それも毎度のことだった。

だが、そのとき突然、通常の金縛りと違うことが起きはじめた。

彼女はほぼ大の字になって寝ていた。ゆったりと脱力して斜め下に伸ばした左手が蒲団からはみ出て、指先がマットレスの角に触れていた。

その手を、ザリザリした小さな舌が舐めだしたのである。

「猫だ」と彼女は思った。ザリザリザリザリと猫が熱心に左手を舐めている。

実家の飼い猫が頭に浮かび、両親と四つ下の弟と猫のいる日常を追憶した。猫は案外、早起きで、自分だけ目覚めていると寂しくなるのか、よく家人を起こしに来た。

またうちの猫が来て私の左手を舐めている……わけがなかった。

ここは東京で私が独りで暮らす部屋じゃないか！

愕然とした直後、何者かが、吐息がかかりそうなほど近々と左耳に口を寄せて、

「へへへ……」

と、馬鹿にしたような嗤い声を立てた。

途端に金縛りが解けてガバッと跳ね起き、声のした方を振り向いた。

けれども、そこには人も猫も化け物もおらず、まだ薄暗い部屋の景色があるばかり。

すっかり目が覚めており、さっきの嘲笑の響きを帯びた「へへへ」という声を思い返して腹を立てていた。

しかし、しばらくすると、実家の猫のことが心配になってきた。

あれが虫の知らせだったら厭だな。

だが、両親が起きる頃合を見計らって電話を掛けたところ、猫の無事が確認できた。

だったら、あれは何者だったのだろう。性別がわからないが人間の声だった。

舌の感触は猫そのものだったのだが……。

彼女によれば、あのときに限っては、ふつうの金縛りではなく、通りすがりの幽霊の仕業だったような気がするとのこと。

似たような出来事はその後は二度と起きず、今日に至っているとか。

幽霊も江戸前
——柳家花ごめ

東京の若手噺家たちがたまに集まって〝鹿芝居〟なるものを開催している。

噺家の「しか」と引っ掛けて、自ずと馬の一字も浮かんでこようというふざけた題だが、真面目に練習に取り組んだ上で、深川江戸資料館の小劇場を借りて、ちゃんと観客を入れて上演する。出し物は歌舞伎のパロディなどで、白塗りに隈取の歌舞伎らしい化粧をして、役に合わせた衣装も揃えているから、それなりに手間が掛かっているのである。

柳家花ごめも、真剣かつ本気で愉しみながら鹿芝居の舞台に臨んできた。

そのときも、深川江戸資料館の楽屋で、隈取の手本を見ながら歌舞伎役者ふうの化粧をしていた。専用の油を塗った上に白粉を刷毛で引くのだが、慣れていないと難しいもので、土台の白塗りをするだけで一苦労。両手とも真っ白に汚れてしまって、そのままでは何も触れないので、ひとまず洗面台で手を洗うことにした。

両手を石鹸の泡だらけにして一所懸命にこすり合わせていると、後ろから声が掛かった。

「もし。そこな……」

低い女の声だった。だが、何よりも気になったのは時代がかった言葉遣いだ。古典落語や歌舞伎ならいざしらず。「もし。そこなお女中、如何いたした?」などという台詞には彼女も職業柄、馴染みがあったが、令和の世において、コテコテの江戸前アクセントで「そこな」なんて言う女は高座と舞台にしか存在しないのである。

洗面台の鏡には、彼女自身しか映っておらず、後ろに人が立てるスペースも無い。楽屋に入ってきた女性の噺家に「さっき私に声を掛けた?」と訊ねると、「ううん。掛けてない」と首を横に振られてしまった。

深川なだけに、江戸っ子の幽霊に話しかけられたのかしら。そう思って、当座は多少、薄気味悪かったが、あまり気にしないようにして舞台に集中し、その後は何事もなかった。

――ちなみに深川には、深川七不思議なる伝承が存在する。

有名な落橋事故のときの悲鳴が今も聞こえる「永代橋の落橋」、殺された駕籠かきの杖の音がする「高橋《たかばし》の息杖」、悩みを抱えた者にだけ首吊りの縄が視える「閻魔堂橋恨みの縄」、斬り殺された娘の下駄が岸に戻ってくる「仙台堀血染めの駒下駄」、祟りのせいで深川八幡の門前茶屋の障子はいつも一ヶ所破れている「八幡山の破れ障子」、州崎と砂村の間の広い野原に狐火の群れがゆらめく「六万坪の怪火」、万年橋の下に棲む川の主が姿を現す「万年橋の主」など。……どうも深川はオバケには不自由しなさそうだ。

江戸っ子の幽霊の一人や二人、未だに迷っていてもおかしくない。

怪談屋怪談

七

Performer

出る

人外魔鏡

Performer

幽霊は「出る」ものだが、舞台演劇や映画、テレビに人が出演することも「出る」と言う。観客や視聴者からしてみれば、出演者の類は、自分と地続きの現実に生きている人間のような気がしないもので、小さな神さまか、あるいは幽霊のような存在なのではないか。

有名なタレントの悪口をＳＮＳに投稿する人々がいる。当のタレントが誹謗中傷を気に病んでも、オバケ退治をしてやったぐらいにしか彼らは思わない。

そうかと思えば人柄や日頃の行いを知悉《ちしつ》しているわけでもないのに深く心酔して、場合によっては本気で片想いしてしまう。

妙なもので、日頃から演者として人前に姿を晒している者ですら、ひとたび受け手になると同じような錯誤に陥ることが珍しくない。私も例外ではなく、若い頃は画面の向こうの俳優の某や音楽家の某に夢中になったり勝手に失望したりと心が忙しかったものだ。

スクリーンの中や舞台は此の世を映す鏡でありながら、観客との距離は驚くほど遠い。言い換えれば、スクリーンや舞台は異次元の人外魔境だ。

観客にとって、そこにいるのは人ならぬ者たちなのである。

——いや、本当に、それは観客の視点に限った錯誤だと言い切れるのだろうか。

こんな話を聴いたことがある。


「三十年以上も前のことになるけれど、私は踊り子だったんですよ」

悪戯っぽく瞳をきらめかせて、女将さんは私に言った。

荒木町のバーである。まだ宵の口で、客は四谷怪談本の担当編集者と、この界隈の生き字引で講談や落語の戯作者でもある志賀信也《しがのぶや》さんと私の三人しかいなかった。

志賀さんが「面白い話を持っている女将さんがいるから」と言って、私たちをこの店に連れてきてくれた。彼は「この人たちに何か話してあげて」と言ったきり、少し離れた席で独り静かにバーボンを愉しんでいる。

担当編集者と私は、五人掛けぐらいのカウンターの真ん中に陣取って赤ワインのボトルを二人で分け合いながら、最初から女将の話を拝聴する構えだった。

無論、初めはお互いに自己紹介した――四谷怪談の本を書いているのだと私は女将に説明した。荒木町は、お岩さまの実家跡でもある田宮神社於岩稲荷から近い。その日も、ここに来るまでに界隈を歩いて取材していた。

女将さんはお茶の水大学の舞踊科を卒業して、学生時代から舞台に立っていたという。背筋のピンと伸びた、ほっそりとした人だ。私より何歳か年上かもしれないが、オードリー・ヘプバーンがそうであったように少女の雰囲気を残しており、佇まいが上品だった。

「洋舞を習っていたから最初は学生時代にアルバイトで踊って、卒業後はプロとして方々で舞台に立っていたの。その頃は二十代半ばで、とあるショーパブと契約して踊っていました。群舞を中心に本格的なダンスを観せる店で、大学卒業後から二年以上、愉しく働かせてもらっていたのに、あるとき急に系列店に移籍してくれと頼み込まれたんですよ」

件の系列店もショーパブで、舞台付きの店舗が新宿区歌舞伎町のビルに入っていた。

「最初から気が進まなかったのよねぇ……。新宿の店とは、相性が悪いような気がして」

「店主と気が合わなかったとか、そういうことでしょうか?」と私は訊ねた。

「いいえ」と女将さんはかぶりを振った。「説明が難しいんだけど、私は場所の善し悪しが何となくわかる性質なんです。霊感と呼べるほどではなくて、ただの勘ですけどね」

「この仕事をしていると、足を踏み入れた瞬間に真昼間でも暗く感じたという話をよく聞くのですが、そんな感じでしょうか?　悪い場所を直感する方は珍しくないようです」

「そうそう。まさに直感で、何も起きないうちから、なんとなく厭な感じがするんですよ」

彼女が移籍を勧められたのは、そのショーパブで主力となっていた踊り子が辞めてしまったせいだった。センターで踊れる実力を見込まれて歌舞伎町の系列店に異動するのは、デビューから三年足らずのダンサーにとっては決して悪い話ではない。

「それまでの店が好きだったから迷いましたが、逆らう理由もなくて……。新宿の店に移ってみると〝踊り子さん募集〟の張り紙がしてあることにすぐに気がつきましたっけ」

その店は慢性の人手不足に陥っていた。ダンサーがいつかないのだ。

しかし客筋は良く、給料も申し分ない。舞台の造りも立派なものだった。重厚な緞帳《どんちょう》付きで、後ろの壁は高さが三メートル近くある全面鏡張り。

一見、何も問題がないように思われた。厭な感じがする理由が見当たらない。

ところが、初回のリハーサルが行われるや否や、彼女は早くも怪異に気がついた。

本番と同じように舞台に上がってしばらく踊り、やがて小休止を取ることになったのだが、ダンサーが袖に引っ込むのを待ちかねていたかのように、店のスタッフが、片腕に三脚を抱え、もう一方の手にガラスクリーナーを入れたスプレーボトルと雑巾を持って飛んできた。何かと思えば、舞台中央の壁際に素早く三脚を立てて鏡を拭きだしたのだが。

——雑巾で擦っている鏡面に、小さな手形が白っぽく浮き出していた。

しかも、床から天井まで縦に連なって、ペタペタと幾つも捺《お》されているように見えた。

しかし手形なんて遠目には不明瞭なものだ。見方によっては、単なる汚れのムラのようでもあった。踊っているときには気がつかなかったが、最初からあの辺りが汚れて曇っていたのかもしれない。彼女はそう考えて一度は納得した。

だが、二回目の小休止のときに再びスタッフが慌ただしく鏡を拭きはじめたので、胸の中でみるみる違和感が膨らんだ。さっき拭いたばかりなのに、なぜ……。

そこで、袖に引っ込みかけたところを踵を返して舞台中央に戻り、鏡の面に目を凝らした。そして思わず息を呑んだ。と、同時に、複数の女性の悲鳴が背後で上がった。

振り向くと、彼女と同じく今回新規に雇われたダンサーたちばかり、三、四人が立ちすくんで、揃って鏡に注目していた。

――そこには、大人の掌の跡と思しきものと、俗に紅葉の手と呼ばれるような乳幼児のそれによる二種類の手形が、地の底から這い上がってきたかのように、鏡張りの壁の床から天井まで列を成して捺されていたのである。

四つの掌が、それぞれ交互に上へ上へと繰り出された、縦四列の手形が、約三メートル上の天井まで鏡に付着していた。

大きな手形の方は、幅が狭く指先が尖った、華奢な女の手による跡だった。

そのようすからは、親子が肩を並べ、それぞれが左右の掌を鏡に貼りつけて、ヤモリか何かのように鏡を這い上る姿が連想された。

しかし、ダンサーが群舞している間に、そんなことができようか。

第一、垂直にそそり立つ鏡を手だけで這い上ることなど人間には不可能だし、両手の跡だけで体を擦りつけた痕跡が無いのもおかしい。

雑巾とガラスクリーナーを使って急いで鏡を拭いているスタッフは、彼女たちの視線を背中で感じているはずなのに一度も振り向こうとせず、黙って作業していた。

以前から店にいるダンサーたちは何事もなかったかのように楽屋に戻ったきり、さっきの悲鳴が聞こえただろうに、一人も舞台に出てこない。

店主が何か弁解してくれるかと思ったが、それもない。

休憩時間が終わり、彼女たちはまた練習に戻った。

三回目の小休止の際には、女将さんは袖に下がる前に、すぐに鏡を振り向いて見ずにはいられなかったという。

はたして、大小の手形の列がまた現れていた。

舞台中央の後ろの壁、全面に鏡が貼られているところの真ん中に……天井まで目で追ってゆくと、最後に一つ二つ、ペタリ……ペタリ……と、新たな手形が捺された。

——これが毎回、舞台で踊るたびに繰り返し起きた。

練習やリハーサルのときだけではなく、本番でも同様に手形が付着した。

観客をざわつかせることも度々だった。

店では、照明を工夫したり鏡の前にカーテンを下げたりして、手形を隠そうとしていた。だが、何かの折に、鏡の面を下から上へ這い上がってゆく大小の掌の跡が客席から見えてしまうことがあったのだ。

心霊現象に違いないと誰しも思うところだが、鏡の手形は物理的な汚れだった。ガラスクリーナーを使わねば落とし切れない、皮脂が混ざった汚れが実際に付着するのだ。

怖さを堪えてひと月ほど働くうちに、二、三人の先輩ダンサーたちと打ち解けて、彼女らからこんなことを教えてもらった。

「このショーパブがあるビルは、昔の産科病院の跡地に建てられたんですって」

その噂が事実なら、舞台の辺りが、かつての霊安室の場所と一致する可能性があるという話だった。

出産の際に母子ともに命を落とした親子の幽霊が祟っているのではないかとか、母子の集合霊が手形となって出没するのだろうとか……不気味で哀しい想像ばかりが膨らんだ。

気弱な者は早々に辞め、新しいダンサーが雇われては、また櫛の歯が抜けるように店を去ってゆく。そんな日々の中で、若き日の女将さんは店側から強く引き留められ、辞めたくとも辞められずにいた。別の系列店への異動を希望してもなかなか通らない。

慣れてしまえば平気だとうそぶく先輩ダンサーもいたが、女将さんは次第に頭痛に悩まされるようになってきた。本来は頭痛持ちではなかったし、通勤途中は何ともなく、舞台で踊りはじめるとにわかに頭が痛みだすのだった。

そんなある日の昼下がり。その夜から新しい出し物を披露するにあたり、リハーサルのようすをビデオで撮影して、七人のダンサーと歌手一人、演出家、音響や照明の担当スタッフなど総勢二十名近くの関係者全員で録画をチェックすることになった。

衣装を含め何もかも本番同様に通しで演り終えて、いよいよ録画したビデオをみんなで見はじめたところ、最初のパートが終わった辺りに奇妙な音が録れていた。

音楽が流れ、女将さんをセンターとしたダンサー七人が踊る中、歌手が登場して、舞台中央で歌いだす。その曲が終わり歌手が舞台から下がると、間奏の音楽が始まる。

そのときだ。

「……おんこころえ……そうらわん……おんこころえ……」

伴奏に合わせるかのように、低い女の声が流れはじめたのである。

今、活字で完全に再現できないのが残念だ。女将さんによれば古い日本語なので意味がわからなかったが、そのときはどの言葉も明瞭に聴きとれたとのこと。彼女は一部しか記憶しておらず、問題のビデオは店側が破棄してしまって現存していない。

彼女は「候文《そうろうぶん》で、読経だったかもしれません。〝おんこころえ〟と何度か言っていたことはよく憶えているのですが」とおっしゃっていた。

私は「おんこころえ」の一言を頼りに原典を探したが、確実にこれと証拠づけられるものを見つけられなかった。

かろうじて、蓮如上人が晩年に著した御文章一帖目六通の末尾《命のうちに不審もとくとく晴れられ候わでは、定めて後悔のみにて候わんずるぞ。御心得あるべく候》を繰り返し唱えていた可能性が考えられるような気がしたのみである。

――生きているうちに後生への疑心を早く晴らさなければ、必ずや後悔するでしょう。くれぐれも心得ておかなければなりませんよ――

こんな意味になるが、蓮如が提唱した阿弥陀仏の本願とは何かについては、ご興味のある方には浄土真宗本願寺の教義を参照していただくことにして、本稿では触れない。

ともあれ、非常に不気味な声がビデオに録れてしまっていた。

その場に居合わせた全員に聞こえ、何度、再生し直しても変わらなかった。

本当に録音できてしまっていたのである。

店主は近くの寺や神社に相談して、最終的に神主を店に招いてお祓いをしてもらい、厄除けの御札を店のあちこちに貼った。

しかし、神主の指導のもとでしかるべき場所に貼りつけたはずだが、どの御札も一日と経たずに剥がれ落ちた。

何を使ってどう留めても、いつの間にか剥がれている。

業を煮やした店主が最終手段とばかりに御札に釘を突き刺して壁に打ち込んだところ、気がついたときには釘が離れたところに転がっていて、御札は床に落ちていた。

女将さんは、結局、来てから半年で別の店舗に異動させてもらうことができた。

「よそのお店で踊るようになると、頭痛も起きなくなりました。異動後は変な現象もありませんでしたし、あの場所に固有のことだったんでしょうね」と彼女は言っていた。

この話を拝聴して、私は、八〇年代の殺人事件現場だったラブホテルの一室で撮影した成人向けビデオのことを想起した。二〇〇〇年前後のことで、私は出演者だった。

件のビデオには謎の黒い人影が録画されていた。商品化にあたりその部分は削除されたが、撮影中に私たちは悲鳴とも怒号ともつかない大声を耳にしたものだ。女将さんの話とは違い、その声はなぜか録音されていなかったのだけれど、それも不思議なことだった。

芸能の現場には、ことほどさように「出る」。

そこが人ならぬ者たちが集う場として天下に示されているから……かもしれない。

Performer

能楽師

津村聡子

Tsumura Satoko

Kaidan-Ya

16

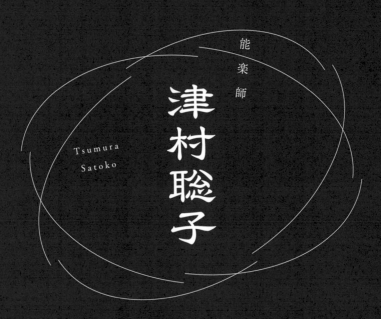

Profile

津村聡子

能楽師。観世流シテ方。埼玉県飯能市出身。1964年3月24日生まれ。重要無形文化財総合認定保持者。能楽協会理事。日本能楽会会員。さくや会／木花会を主宰。

父が医師として勤務する医院で福利厚生企画として実施された能楽教室に母が参加。

4、5歳の頃に、母が神社で披露した能の仕舞に感銘を受け、小学校入学後の6歳のときから能を習いはじめる。シテ方観世流・小早川泰士に師事。

中一で初舞台。ひためん(素顔)で「経正」を披《ひら》く(＝初披露／能楽用語)。

東京藝術大学音楽学部邦楽科に進学。能楽専攻の同期合格者四人のうちの一人。シテ方観世流坂井職分家当主・坂井音重に師事。大学の講義を受けながら坂井家の稽古場に通う。

卒業後は内弟子として修業。

1995年に独立。独立記念公演で「石橋」を披く。独立に際して同居する母から贈られた能舞台と同じ三間四方の板張りの稽古場が現在まで本拠地となる。

数年後に「猩々乱」を披く。

2004年7月16日、津村聡子はじめ女性能楽師22人が日本能楽会への入会を認められ、重要無形文化財総合認定保持者となる。同年～2005年にかけて開催された「女による女のための女の能」にて馬場あき子が書き下ろした「小野浮舟」を主演。演出と節付は梅若桜雪。

2007年、43歳のときに「道成寺」を披き、自身の独演会〝さくや会〟を起ち上げる。

2013年、第一回さくや会で「隅田川」を主催公演。

2018年、独立25周年記念公演「砧」をさくや会で開催。

その後も観世流シテ方として各地の能楽堂などで公演活動を盛んに行う。能楽の学びを広める講演やオンラインサロン、自身が運営する木花会を中心として次世代の育成に努める。

津村聡子
オフィシャル

能を思う日々
(ブログ)

仁和能楽學

X

津村聡子の年々去来の花と幽玄

女性が初めて能楽協会に入会を許されたのは一九四八年のことだった。終戦から三年が経ち、日本が新しい時代を迎える中で、能楽界で女性の存在を認められる気運が生まれた。

津村聡子が師事した坂井《さかい》音重《おとしげ》の父は、初の女性シテ方・丸山《まるやま》登《と》喜《き》江《え》を指導した人であった。

「だから坂井音重先生は開けた考えをお持ちだったのでしょう。どこへ行くときにも私を連れて行ってくださいました。あれは内弟子修業をしている女性の存在を内外に示す意味もあったのだと思います。女性で趣味としてお能を習う方は少なくないのに、プロになる人はほとんどいないという状況が長年続いていましたから」

能の修業には十年あまりの時を要する。

内弟子の生活は非常に厳しく、稽古場の下働き、能装束の管理、師匠の鞄持ちなどと、修業や学業を両立しなければならない。大学では、能楽の実技である笛・小鼓・大鼓・太鼓・謡・仕舞をすべてマスターすることが求められた。

「家に稽古場が無かったので、早朝から大学の稽古場で自主練習していました。学生時代は友だちと遊んだ記憶がありません。内弟子になると、役がついて研鑽会に出るとき以外は稽古をつけてもらうこともできません。師匠を見て習うのです。……いつも必死でした」

稽古は強かれ。辞めたいと思ったことは一度もなかったと彼女は言う。観世流一筋だ。

「父が夜勤していた病院に観世流の先生が出稽古に来ていて母が習っていたので、私もやりたいとせがんだのです。私が四、五歳のとき飯能市の高麗神社で母が仕舞を披露して、カセット・デッキのスイッチをポンを押す係をやらせてもらって、それから憧れて……。でも『風姿花伝』にもあるように、日本の伝統では六歳の六月六日に習い事を始めると上達するとされていますよね。小学校に上がったらあらためて申し込むようにと諭されました」

四十歳のとき新作能「小野浮舟」で主演を務めた。作者の馬場あき子は、彼女の舞台を見るときまで女性のシテ方に信頼を置いていなかったという。小柄で穏やかな佇まいからは想像もつかない、天から降ってくるかのような迦陵頻《かりょうびん》伽《が》の如き朗々たる謡。そして床からわずかに浮かんで見える神秘的な舞姿。私も最初に拝見したときから圧倒されっぱなしだ。

実は無類の怪談好き。拙著もご高読いただいている。

「加門七海《かもんななみ》さんの著作で魅力を知って、片端から実話怪談を読み漁るように……。能の現行曲二百十三曲ぐらいのうち九十曲は霊や天狗や神さまなど神秘的な存在に出遭った話で、今なら実話怪談と呼ばれそうなお話もあるんですよ。世阿弥は永遠なる心の内面世界を表現するために、不思議なものを素材に選んだのかもしれませんね」

幽玄の美を体現しながら、初心を忘れず、いつか真の花を咲かせる夢を追う能の道。

独立三十周年も近い。次はどんな舞台で魅せてくださるのか、謹んでお待ちする。

謡蹟巡りの道成寺

津村聡子

能楽界には〝謡蹟巡《ようせきめぐ》り〟といって、物語の背景を詣でる習慣がある。母に連れられて京都の仁和寺《にんなじ》を訪れたのが、津村聡子の初めての謡蹟巡りだった。

それから三十年。二〇〇七年、満四十三歳の秋の初めに、彼女は、業界の慣例に従って大曲の舞台「道成寺《どうじょうじ》」のお披露目をすることになった。

独立十周年から十五周年の頃に「道成寺」をする習わしがあるのは知っていたので、何年も掛けて少しずつ心づもりをしてきたが、いよいよ再来年という頃に、シテ方の先輩から「道成寺は覚悟をすることだ」と言われたときには「覚悟」の意味を図りかねた。

しかし公演の計画が具体化するにつれ、自分が今後もこの道を歩むか否かの岐路に立たされていることを自覚するに至った。観世流の名誉、そして初めて重文認定を受けたプロ女性能楽師の一人として後続に対する責任が掛かっていることを思えば、失敗は許されない。能舞台のある会場を手配し、ワキ、地謡、囃子の他にも多くの共演者や協力者を集めて、集客に努めなければ……。やるからには覚悟を決めて取り掛からねばならない大仕事である。

その上、「道成寺」には、鐘にまつわる特有の苦労も立ちはだかっていた
まず、シテが中に隠れて着替えられるサイズの大道具を作るのは容易なことではない。

さらに、鐘の重さは百キロ以上になることが多く、この中にシテが飛び込んだように見せる〝鐘入《かねい》り〟は「道成寺」の山場であると同時に、能で最も危険な演出だと言われていた。

ここぞというタイミングで鐘の綱を手放す鐘後見《かねこうけん》は練度の高いベテラン能楽師の役目とされてきた。それでもシテが怪我を負うことがある。しかも怖いことには、そのとき多少どこかを傷めたとしても、鐘の中で独りで装束を付け替えて、舞台を続けねばならない。

津村は、道成寺を経験した先輩方から「事前に和歌山の道成寺を参詣しなさい」と忠告された。

「御祈祷を受けて御札を貰ってくるだけにして〝ついで参り〟はしないようにね」

通常の謡蹟巡りでは、目的地の周辺にある名所旧跡を見物したり、土地によっては名物料理や温泉を愉しむために宿を取る。なぜ「道成寺」に限って……。

だが、彼女がよく知るシテ方を襲った悲劇から推しても、道成寺に行くべきだと思われた。

そのシテ方は、道成寺を開くときに近所の神社で御札を貰って済ませようとしたところ、鐘入りに失敗して足に重傷を負ったのである。

そこで彼女は、公演の三ヶ月ほど前に参詣するためだけの日を特に設けると、道成寺に電話を掛けて、読経の予約を申し込み、御札も当日受け取れるように手配した。

梅雨の明け方、彼女は和歌山県日高郡《ひだかぐん》にある道成寺を目指して出立した。

往路は鉄道を使い、帰路は南紀白浜《なんきしらはま》空港から飛行機で羽田経由で、と、ルートを決めて。

特急券や乗車券、航空券を準備していた。

道成寺住職への読経の申し込みも受理されており、時刻も定まっていた。

空はあいにくの雨模様。傘を差して家の最寄り駅へ。東京駅から新大阪駅までは新幹線を、新大阪駅から御堂筋《みどうすじ》線、阪和《はんわ》線、きのくに線と電車を乗り換えて、道成寺駅を目指した。

五時間以上を要する道程で、物見遊山に行くなら泊りがけにするところを、ついで参りを厳禁とするがために、早朝に出発して日帰りで決行するわけである。

遠方で公演を行うことも間々あり、出稽古の機会も多いから鉄路の旅は慣れているつもりだったが、いつもより気を引き締めて乗り換える電車を誤らないようにしていた。

とうとう道成寺駅のあるきのくに線に乗ったときは、少し安堵した。

あと一息だ。生来、電車で居眠りする性質ではない。車窓の景色を眺め、残り二駅、残り一駅……と、駅名を確かめながら電車に揺られていたのだが。

「次はぁ、道成寺ぃ」

と、車内アナウンスが聞こえた刹那、強力な麻酔を打たれたかのように睡魔に襲われた。

急にウトウトッとして、ハッと目が覚めたときには電車はとっくに道成寺駅のホームに着いていた。慌てて出口へ飛んでいったが、無情にも鼻先でドアが閉まった。

頭の中が一瞬真っ白になった。

道成寺駅に到着してから住職に面会するまでの間に余裕を持たせてスケジュールを組めれば良かったのだが、そうではなかった。

次の紀伊田辺《きいたなべ》駅に着くとすぐに道成寺に電話を掛けた。住職が通話口に出られたので、遅刻する旨を告げて無礼を詫びた。

すると住職は、おっとりした口調でこんなことをおっしゃった。

「清姫さんはその辺りで生まれ育ちましたから、あなたは呼ばれたんですね」

――広く知られた道成寺の伝承では、熊野を詣でた修行僧の安珍が、一夜の宿を求めた真砂庄司《まなごのしょうじ》・清重《きよしげ》の屋敷で清姫と出逢うところから物語が始まる。

その真砂庄司の屋敷の所在地が、現在の和歌山県田辺市中辺路町《なかへちちょう》の辺りだったとされているというのだ。そして中辺路町最寄り駅は、ここ紀伊田辺駅。

そういえば……と、彼女は、先ほどの異常な睡魔についても一つ思い当たった。

能の「道成寺」では、白拍子の女が鐘を供養する舞を奉納したいと寺男に申し出て、まんまと寺に入り込む。女が舞を披露するうちに黄昏が深まり、遠く漁火がまたたきだして、夜の帳が降りる。すると、それまで読経を続けていた僧侶たちが一斉に眠り込んでしまうのだ。

実はこの白拍子も清姫の霊が化身した姿。清姫は鐘に入った後、大蛇の姿で現れる。

——紀伊田辺駅から道成寺駅に戻る途中で、彼女は車窓から日高川を眺めた。

清姫の悲恋は、浄瑠璃や八王子車人形では「日高川」の題で演じられている。真砂庄司の家で育った清姫。蛇体となって想い人を追い駆け、この川を渡って、一路、道成寺へ。

津村によれば、日高川の川面を見つめたとき、あたかも彼女自身が蛇になって恋しい男を追うかのように、川面を渡り、熊野の森を駆け抜ける景色が瞼の裏に鮮やかに浮かび、深く静かな感動に包まれたということだ。


一難去ってまた一難ではないが、道成寺駅に着いてみたら、今度は切符が見当たらない。どこかで落としたに違いないと思い、駄目で元々と思いながら駅員に説明したところ、意外なことに許されて、礼を述べつつ改札を通って駅舎から表に出た。

途端に、それまで静かに小雨が降っていたのが突然、凄まじい土砂降りに変わった。

「誰かが私を足止めしたがっているのだと思いました」とは、後日の彼女の弁。

しかし、豪雨が本堂の屋根を打ち鳴らす中ではあったが、道成寺の住職に読経してもらい、鐘に祀る御札も無事に受け取ることができた。

彼女は重々お礼を住職に申し上げて、持参した能舞台「道成寺」のチラシを渡した。

すると住職はチラシに記された開催日時を見て、「この日この時に、また必ずお経をお上げ致しましょう」と言った。彼女は恐縮したが、住職は重ねて約束してくれた。

その後、わずかに時間の余裕があることに気づき、境内を巡るだけなら〝ついで参り〟の誹《そし》りは受けまいと考えて、道成寺の謡蹟巡りをすることにした。

傘を差し、境内の案内表示で場所を確かめながら、まずは、清姫が七纏《ななまと》いして最後は尾で叩いたとされている鐘の遺構を見物し、次いで蛇塚を訪ねた。

蛇に化身した清姫をここに埋めたと言われている。そう思えば、これが清姫の墓なのだ。その蛇塚を前に立ち止まったとき、あれほど降っていた雨が一瞬にして止んだ。耳を聾するばかりだった猛烈な雨音が一転して静まり返り、鼓膜がおかしくなったかと思うほどの沈黙が降りたのである。

驚いて辺りを見回す最中にも、みるみる雨雲が空を走り去って、陽が差してきた。

この日は、それきり雨は降らなかった。

南紀白浜空港から飛び立って間もなく、彼女は乗っていた飛行機の窓から不思議な雲を見た。大きな積乱雲が数段の階層を成す壇を造っており、それぞれの壇に数名ずつ座禅を組んだ御仏が座っていた。天空の曼荼羅図だ。

「見送ってくださっているかのようでした」と彼女は言う。

お蔭で、彼女の「道成寺」は大成功を収めたそうである。

Performer

俳優

まつむら眞弓

Matsumura
Mayumi

Kaidan-Ya

17

Profile

まつむら眞弓

俳優。兵庫県神戸市出身／京都府京都市に30年以上在住。11月11日生まれ。

啓明女学院高等学校卒。東映京都俳優養成所出身。

高校卒業後、一卵性双生児の姉と共に京都の東映京都撮影所俳優養成所に入所。養成期間中よりバイプレイヤーとしてテレビや映画などに出演しはじめる。

初仕事は時代劇の町娘役で、『水戸黄門』『NHK木曜時代劇・ぼんくら』『BS時代劇・子連れ信兵衛』『小吉の女房』『みをつくし料理帖 Part1』『信長のシェフ』『美味でそうろう』『大奥／かげろう絵図』『NHKBSプレミアム 令和元年版 怪談牡丹灯籠』『三屋清左衛門残日録4』などテレビ時代劇の出演多数。現代テレビドラマ『科捜研の女』『特捜9』『おかしな刑事 京都SP』など、映画『花戦さ』『北の桜守』『信虎』『せかいのおきく』など出演経験豊富。特技は、演技の他に、殺陣・三味線・歌唱・民謡・時代劇所作・京言葉・関西弁・イベント司会など。

1999年、一卵性双生児の姉が死去(享年38)。

2001年、『千年の恋 ひかる源氏物語（2001年12月公開）』の主演・吉永小百合の付き人及び葵上の女房役を務めた縁で、後に吉永小百合の「原爆詩朗読会」で司会を担当。

2010年、嵐山電鉄百周年記念事業の一環「怪談電車」にて創作怪談朗読「耳なし芳一」「牡丹燈籠」を公演。これより怪談朗読劇をライフワークにする。

2013年8月26日、京都・法然院の善気山念仏会で怪談朗読劇を上演（以降は毎年恒例）。

2015年、殺陣や時代劇所作を採り入れた怪談朗読劇「新釋 牡丹灯籠」を法然院にて開催。

2016年、初の完全オリジナル怪談朗読劇「あかずの井戸」を上演。以降、「たたり三味線シリーズ3部作」「椿の比丘尼ものにけがたりシリーズ」などを展開。

2019年、アメリカ・カリフォルニア州サクラメントで公演。

2022年、「京都もののけ語りの会」を発足。

近年はコロナ禍の影響で上演を控えていたが、2023年より積極的に活動を再開。まつむら眞弓の創作怪談朗読劇は同年末までに全国各地で40公演以上を数えた。

まつむら眞弓
オフィシャル

Instagram

X

まつむら眞弓の永久の姉と蘇り

Road to Kaidan-Ya

容姿も声も瓜二つ。まつむら眞弓には一卵性双生児の姉がいる。

生まれたときから片時も離れず同じとき同じ場所で遊び、学び、共に成長した。

分かちがたい姉妹だった。高校の卓球部でダブルスを組んで対戦相手を煙に巻いた。十五歳から二人でボーカルレッスンを受け、高卒後は揃って京都の俳優養成所へ。寮や下宿では相部屋。邦画やテレビが伸び盛りの時代を、手に手を携えて駆け抜けた。

「一人ずつ別の媒体に出演することも多かったのですが、たまに双子役で出させていただいたり、二人で同じ衣装を着てイリュージョンに出演したり。私たちはそっくりでしたから、片方が隠れた直後にマジシャンが離れた場所を指し示して、そこにもう片方がジャーンと登場すると、瞬間移動したように見えたわけなんですよ。面白かったなぁ……」

二十九歳のとき、ほぼ同時に結婚。無二の絆で結ばれた姉妹が、初めて別の道を歩むことになった。姉は二児を生んで三十四歳で休業し、眞弓は女優を続けた。

「私には子どもがいません。姉夫婦は苦しい不妊治療に耐えて、ようやく……それなのに三十七歳のときに姉に癌が見つかって闘病生活が始まりました。私は子どもたちの世話をするために姉の家に何度も通ったものです。姉の死後も……」

　三十九歳の誕生日を目前にし、二人の幼児を遺して姉が永眠。

　眞弓の魂も死の世界へ傾斜を深めた。食事が喉を通らず、たちまち痩せ細った。

　彼女をこの世に引き留めたのは、周囲の叱咤激励と仕事、そして亡き姉への想い。

「姉を喪ってからの私は、心療内科に通院してかろうじて命を繋いでいる状態。葬儀の翌年、敬愛する吉永小百合さんの事務所からお仕事の依頼を受けたときも最初は断るつもりでした。でも母の『あの子がやりたかったことを、あなたは辞めるの？　それでいいの？』という言葉で目を覚まされ、心療内科の先生からも『お姉さんが亡くなった時で止まっている時計の針を動かしましょう』と背を押されたのです。たしかに姉はいつか復帰するつもりで最期まで癌と闘っていました。本当に強かった。それに引き換え私は……。このまま辞めてしまったら姉に顔向けできないと思いました。今でも姉に励まされています」

　彼女は蘇り、十年後、怪談朗読劇というライフワークを自ら開拓した。静的な朗読と動的な演技を巧みに使い分けながら、古典や史実を基にした郷愁を誘う世界へ観客を誘い、艶やかな京ことばが興趣を添える、他に類のない独り芝居だ。

「だんだん助けてくれる方たちが現れて、脚本や音響、演出などが次第に整い、今では三味線を弾いたり伴奏を付けてもらったりすることもあります」

　俳優業の傍らコンスタントに公演を重ね、二〇二五年には十五周年を迎える予定だ。

姉のこと

まつむら眞弓

母から「カップに口紅がついとった。ナオちゃんがコーヒーを飲んだんやないかと思うわ」と、まつむら眞弓が聞かされたのは、彼女が双子の姉・直美の死から立ち直ろうとして足掻《あが》いていた頃のことだった。

彼女の母は、仏壇とは別に、自室の隅に姉を偲ぶコーナーを設けていた。額に入れた姉の写真をそこに飾り、朝になると姉が好きだったコーヒーを供え、昼食の前になるとそれを台所に下げて、湯飲みに注いだ煎茶に取り替えていた。

それは、買ったばかりの真っ白なマグカップを使ったときだった。

正午になったのでお茶に替えようとしたところ、その朝コーヒーを注いだ純白のマグカップの縁に一つ、赤い口紅の跡が鮮やかに付いていたのだという。

姉が帰ってきた——高鳴る胸で眞弓はそう思い、「私にも見せて」と母に言った。

しかし残念なことに、母はすでにマグカップを洗ってしまっていた。

眞弓が思うに、幽霊は怖くない。ことに姉の亡霊ならば。

マグカップの件の数ヶ月前、大阪駅の地下商店街を歩いていて、姉に名前を呼ばれたときがあった。

「マユちゃん！」

彼女自身のそれと瓜二つの声。家族で話すときだけ蘇る、神戸訛りのイントネーション。間違いなく姉だ。そう思って振り向いたが雑踏の中に姉の姿はなかった。

姉の声の余韻が人混みに吸い込まれ消えてゆく。

でも魂は生きている。

姉の霊は生前と同じように活き活きと動いているのだとそのとき彼女は確信した。その魂は、お墓で眠っているのでも、遠いあの世から見守っているのでもない。

今、ここに生きている。そう断言できると思ったのだという。

私がインタビューしたとき、彼女はこうおっしゃっていた。

「どんなに離れた場所にいても、昔から姉と私は同時にお腹が痛くなったり頭痛になったりして、考えることもいつも一緒でした。姉の肉体が消えた後も魂はずっと繋がっているので、たとえば芝居をしているときも姉の意思や工夫を感じますし……今も……川奈さんと話しはじめたときから、姉は私の左隣にいて、私たちの会話に耳を傾けていますよ」

足音と胡蝶

まつむら眞弓

十三、四年前のこと。まつむら眞弓が嵐山電車の百周年記念イベントで「耳なし芳一」を朗読したところ、中学の同級生のリピート山中から連絡があった。
「法然院《ほうねんいん》さんで怪談を公演すればいいのに。僕がご住職に紹介してあげるよ」

彼はシンガーソングライターとして活躍しており、京都の法然院で何度かコンサートを開いていた。ありがたく申し出を受けて住職に引き合わせてもらうと、とんとん拍子に話が進んで公演が実現した。

法然院では毎月二十六日に善気山念仏会《ぜんきさんねんぶつえ》を行う。八月のその日に寺の大広間を借りて演ることになった。

演目は小泉八雲原作の「耳なし芳一」。若き琵琶法師・芳一と平家の亡霊の物語の中に、芳一が語る平氏滅亡の史実〝平家物語〟が話中話として挿入される、興趣深い怪談だ。

当日は幸い雨は降らず、表は蒸し暑かったが、古刹に特有の深い庇を風が洗い、座敷は涼しかった。会場にした法然院の大広間は庭に面しており、日が落ちて参拝客が帰ると異様なまでの静けさが辺りに満ちた。

やがて話が佳境に入り、彼女は平家の落人の亡霊たちが現れる下りを語りはじめた。

「そのとき庭の方から足音がザクッザクッと……」

と、言うと同時に、本当に庭の方から、まさにザクッザクッと音が立ちはじめた。

大勢の男たちを想わせる重い足音。一人二人分の足音ではない。十人なのか二十人なのかわからない集団が、こちらへ向かってくる。客席がざわつき、庭に近い所に座っていた客の中には障子を細く開けてガラス窓の向こうを透かし見る者たちまで現れた。

終演後に聞いたところでは、大勢の人が歩いてきたようだったのに、庭には人っ子ひとりいなかったそうである。怪談らしい出来事で、観客は一様に興《きょう》がっていた。

それから数年後、このときも夏の法然院だったが、公演中に黒揚羽蝶がひらひらと飛んできて肩にとまった。冷房を利かせるために閉め切った室内なのに……。

声を発したら、あるいは少しでも動けば、驚いて逃げていく。

そう思ったが、芝居を続けても肩から離れなかった。不思議な蝶に客席は湧いた。

しばらくすると蝶は何処《いずこ》へともなく飛び去って、姿を消した。その後どんなに室内を探しても見つからなかったということだ。

仙人や狸が出た話

まつむら眞弓

まつむら眞弓が家族と共に母の実家でいっとき暮らしていた頃のこと。

それは神戸市の郊外で、海から内陸へとせりあがる丘陵地帯にあった。

低い山々が集落を囲み、海と丘陵を繋ぐ坂道を人や車が行き交う。海側の空は果てしなく広く、山の向こうの空は高くて遠い。そんな土地で双子の姉と彼女は育った。

「もしかすると、あの辺りは不思議なことが起きやすい場所だったのかもしれない」と彼女は言う。

四歳くらいのときのある日には、こんなことがあった。

白昼、姉と共に祖父に連れられて近所を歩いていて、ふと気づくと、埃っぽい道の先に、二階家の屋根ほども背丈のある異様な者の影が佇んでいた。

手を繋いでいた祖父が画鋲で留められたかのように立ち止まって、喉に引っ掛かったような変に硬い声で「見るな」と眞弓と姉に言ったが、完全に手遅れだった。

彼女たち三人とそれとは、二十メートルも離れていなかった。

道の向こうにある山の方から歩いてきたのかもしれないが、気づいたときにはそこに立っていた。

片手に木の杖をつき、白髪を長く伸ばし、白い髭をたくわえている。

テレビアニメや絵本で見た〝仙人〟そのものの姿であった。

とはいえ、見ていたのは二、三秒のことだったと思われる。

仙人は、あっという間に煙のように掻き消えた。


またあるときは、祖母が、近所の山に山菜を摘みに行って妖しい男に遭遇した。

祖母によれば、山の中だというのに、その男は粋な着流し姿だった。袴を着けずに絹物と思われる良い着物を着て、細い腰にキリリと帯を締めている。

樹々の間から歩いてきたところを見れば、目が覚めるような美貌であった。顔立ちの整っていることと言ったら神々しいほどだ。

涼しい眼差しを祖母に一瞬、投げて寄越した。

と、思ったら、ゆったりと優雅に回れ右して後ろを向いた。

「そうしたら、お尻の所にフサフサした茶色い尻尾が生えていたんだよ！ そのまま行ってしまったけれど、あれは狸に違いないよ」と祖母は言っていたという。

Performer

タレント

北野誠

Kitano Makoto

Kaidan-Ya

18

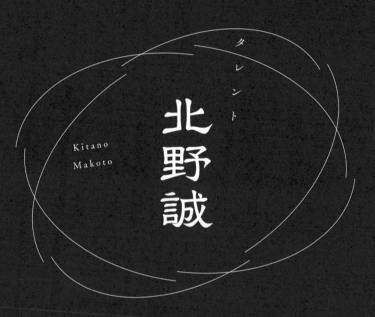

Profile

北野誠

タレント。松竹芸能所属。大阪府大阪市出身。1959年1月25日生まれ。

小学校高学年の頃から深夜ラジオを聴き、噺家や漫才師の話芸に憧れて寄席などに通ううちに、中学生時代に落語ブームが大阪に到来。通っていた中学に卒業を控えた三年生が全校生徒を前に一芸を披露できる恒例行事があり、そこで「狸賽」を披露。落語研究会があったことから大阪市立高等学校に入学。落研で活動する傍ら、ラジオ大阪の深夜番組『ヒットでヒット バチョンといこう!』のコーナー・笑福亭仁鶴の「バチョン落語大学」に応募、番組内で〝真打〟を獲得。また、同番組のレギュラーメンバーの浜村淳については「大阪の第一期オカルトブームは浜村淳さんが牽引していた。当代一流の語り部だった。いつもカセットテープで録音して名調子を聞き返していた」とのこと（本人談）。京都産業大学経営学部入学／卒業。興味が漫才にシフト。高校の同級生と地元のライブハウスで漫才を披露しつつ、年間約30本もの漫才コンテストやイベントに出場。1980年、フジテレビの「素人お笑い選手権」で準優勝。お笑いタレントとしてデビュー。1981年、映画『ガキ帝国』『ガキ帝国 悪たれ戦争』に出演。当初は主に関西圏で活躍。80年代半ばからABC放送のテレビ番組『探偵!ナイトスクープ』にレギュラー出演。1988年、自身の発案による深夜ラジオ番組『誠のサイキック青年団』が放送開始。竹内義和と共に幅広いジャンルを取り上げて関西で人気を博す。1990年頃から名古屋・東京に進出。1994年の番組開始から2002年3月末の終了時までテレビ朝日の深夜番組『トゥナイト2』の火曜日レギュラーを務め、全国区に活動範囲を広げる。同番組では心霊スポットを探検するコーナーも随時放送。ロケ中に心霊体験も。2006〜2007年、書籍『北野誠怪異体験集 おまえら行くな。』『北野誠怪異体験集 続 おまえら行くな。』をマイクロマガジン社より上梓。2010年、竹書房よりDVD『ガチンコ・ホラー・ドキュメンタリー 北野誠のおまえら行くな。』が発売され、2011年よりエンタメ〜テレのテレビ番組『北野誠のおまえら行くな。』シリーズが、2018年よりスピンアウト番組『北野誠のぼくらは心霊探偵団』シリーズが、それぞれ開始し現在も放送中。2012年4月、CBCラジオのワイド番組『北野誠のズバリ』が放送開始、現在に至る。2019年、CBCラジオに長年貢献した功績により、第30回CBC小嶋賞を受賞。当意即妙な話芸を武器に広範なジャンルで活動を行う。オカルト関連の知見と経験を活かしたMCや語り部、著述家としても活躍中。

北野誠
オフィシャル

北野誠のおまえら行くな。
／北野誠の
ぼくらは心霊探偵団

茶屋町怪談MBSラジオ
公式チャンネル
（YouTube）

CBCラジオ北野誠のズバリ
公式チャンネル
（YouTube）

北野誠に行くなと言われたおまえらだった。

Road to Kaidan-Ya

北野誠についてプロフィールに記さなかったことが二つある。要らぬ勘繰りを受けないために軽く触れるに留めるが、一つは自殺という形で実父を喪ったこと。もう一つは二〇〇九年頃の謹慎処分の件である。父の自死の背景には事業の経営破綻があり、当時二十六歳だった彼は負の遺産の処理に追われたという。

舌禍疑惑に伴う、人気絶頂での芸能活動休業期間は約一年。

最初のDVD版『北野誠のおまえら行くな。』のロケは、その不遇の時期に決行された。図らずも空白の時間を得たときに、「行くな」と言われそうな場所を肝試しの少年に戻ったかのように仲間たちと巡り歩いた。

その結果、心霊探偵団の北野団長が誕生した次第だが、実は、はるか前から彼はテレビ番組で心霊スポット探訪を重ねており、子どもの頃から体験してきた怪異体験集も上梓していた。

そんな経緯から本書の鎌倉泰川監督のコーナーなどにお名前が登場した怪談蒐集家の西浦和也をはじめ、怪談／オカルト／都市伝説に詳しい知己も、すでに得ていたのである。

彼と怪談的な世界との出逢いは子どもの頃にさかのぼる。

「僕はオカルトブーム第一世代。小さいときから、つのだじろうの漫画『うしろの百太郎』や『恐怖新聞』を読んだり、テレビで新倉イワオの『あなたの知らない世界』を見たりしてきました。当時は普通に昼間のテレビ番組に霊能者やイタコが出ていたものです」

日本のオカルトブームには、七〇年代の第一次ブームと九〇年代の第二次ブームがある。

前述の「あなたの知らない世界」と、ユリ・ゲラーのスプーン曲げなどで話題を呼んだ「木曜スペシャル」の放送開始、そして『ノストラダムスの大予言』は、いずれも一九七三年だ。

当時は浜村淳《はまむらじゅん》の大阪に於けるラジオパーソナリティとしての最盛期。浜村は「浜村節」と称えられる名調子で怪談や都市伝説を語り、若いリスナーを虜にしていたという。

「そんなこんなで僕らは自然にオカルトに親しんでいたんです。それにまた、子どもの頃までうちは農家で外にボットン便所があって、夜になるとトイレに行くのが怖くてね……」

現在六十代。昭和の原風景や、原初的な闇への畏怖を記憶する最後の世代かもしれない。

時代は移り変わり、昨今は「行くな」と止められた場所を突撃する怪談屋が活躍している。

北野誠の魅力は、幽霊から株取引まで網羅する広い知見や話術など枚挙にいとまがない。

だが、ここでは果敢にロケを敢行する冒険心を特に挙げたい。北野団長と心霊探偵団の活躍をいつも心待ちにしている一人として断言する。

——彼らの旅は現代の冒険譚だ。

観る者も彼と一緒に童心に返り、懐かしい子ども時代を再体験するうちに、夢みる魂が元気を取り戻す。

長年のファンが多いのも当然なのだ。

心霊写真

北野誠

中岡俊哉《なかおかとしや》の『恐怖の心霊写真』シリーズの第一作目が発売されたのは一九七四年、北野誠が十五歳になる年のことだった。オカルトブームの最中である。発売されるごとに購入して、やがて全三作をコンプリートした。

彼は中一のときから離れの一階を自分の部屋にしていた。元は農機具置き場だった場所だが快適に改築され、大人の監視を逃れられるとあって、すぐに近所の友だちの溜まり場と化した。高校に進学した後も中学の同級生が気安く遊びに来ることがあり、その日やって来たAもそうだった。

高二の三学期が始まって間もない日、彼の記憶が確かなら土曜の昼下がりにAがふいに訪れて、しばらく彼と会話に興じていたが、何かのタイミングで急に『恐怖の心霊写真』に目を留めてパラパラとページをめくった挙句、こんなことを言った。

「こんなの怖いんか？　もっと怖いの持ってるで」

そこで彼は「見せてよ」とAに言った。するとAは家がごく近かったこともあり、問題の写真をすぐさま取ってきて、さっそく彼に見せた。

それは、修学旅行のときに撮られたＡのクラスメイト四十五人の集合写真だった。

Ａは別の高校に進学したから、写っているのはＡ以外は見知らぬ顔だ。

場所は奥州平泉の中尊寺。有名な金色堂の前で記念に撮影したものだった。

ところが、生徒たちの後方にそそり立った大木の辺りに刀を持ち兜を着けた鎧武者が二体、兜の無いザンバラ髪のが二体、合計四人の落ち武者が、正面を向いて浮かんでいた。

おまけによく見れば、四十五人の生徒中四人の肩に謎の手が置かれていたのである。

生写真。しかも変な作為のない集合写真だ。本の心霊写真と比べると段違いに信憑性が高いと思い、今さらだが、心霊写真は本当に存在するのだと彼は驚嘆した。

「学校の修学旅行でこんなの撮れるんや！」

興奮してそう言うと、Ａは、その写真は学校で話題になって、こんな写真は持っていたくないと言う生徒もいたと話しながら、本人は関心が薄く、「俺はそんなん、いらんから、好きやったらあげるわ」と、それをあっさり譲ってくれた。

――それから数十年の月日が流れた。

「僕は、あれで一気に、心霊写真も心霊現象も嘘いつわりなく本当にあるんやなと思うようになりました。あの写真をいつのまにか失くしてしまったのが今となっては痛恨事です」

と、彼は残念そうに私に述べた。後にこんな商売をするとは予想していなかったとか。

鎌倉のトンネルとホワイトハウス
～トゥナイト2の想い出～

北野誠

テレビ朝日の『トゥナイト2』に週二回主要レポーターとしてレギュラー出演していた北野誠が、ネタに困ったとボヤくスタッフに「心霊スポットにでも行ってみませんか」と助け船を出したのが始まりで、北野率いる心霊スポット探訪コーナーが同番組で始まった。

初回は一九九七年の鎌倉ロケ。スペシャルゲストは心霊研究家としても名高かったミュージシャンの故・池田貴族だった。早くもこのときから怪異が起きた。鎌倉と逗子を結ぶ某トンネルで午前三時に車のクラクションを三回鳴らすと幽霊が上から落ちてくるというジンクスがあり、撮影中に実際やってみたところ、何か変な音が聞こえたような気がしたのが始まり。

北野をはじめとする出演陣はざわめいたが、物が落ちてくる気配はなかった。

やがてカメラマンが出口側からトンネルの外観を撮影すると言いだしたので、とりあえずトンネルを通過して停車すると、全員がいったん車から降りた。

景色を撮影する間は、みんな手持ち無沙汰だ。北野と池田貴族は雑談しはじめたが、話しながら何の気なしに今降りたばかりのロケ車の方をリア側から振り返ると、シーツのような白い布が車の上に覆いかぶさっていた。

見る間に布はスルスルとフロントの方へ向かって引かれていき、すぐに視界から消えた。

二人は急いで他の者たちを呼び寄せて、全員で車に駆けつけた。

だが、そのときはすでに布は跡形もなく、周囲にも何ら痕跡は見当たらなかったのだ。

——しかし、この番組コーナーで訪れた場所のうち北野が最も怖くて不思議だったと思うのは、新潟の通称〝ホワイトハウス〟だという。

廃屋となった民家跡なのだが、二階建てなのに室内に階段が無く、すべての窓枠に鉄格子が嵌め込まれていた。

二階に誰か監禁されていたようだ。

陰惨な想像を掻き立てられながら建物を観察すると、朽ちかけた外階段の上に、小窓が黒い口を開けていた。

そこで、北野とＡＤが二人で小窓から侵入して、ポラロイドカメラで屋内の写真を撮った。

すると、その写真に謎の螺旋状の光が写っていた。

ところが、この番組の視聴者には違うものが見えていたようなのだ。

放送後に全国各地から寄せられた五十数件の問い合わせは、一様にこう訴えていた。

「写真に写った部屋の隅に髪の長い小さな女の子がいるのに、なぜ言及しないのか？」

そう言われても、問題の写真には螺旋になった変な光が写り込んでいるだけである。

番組の録画をコマ落としで見ても、ロングヘアの少女なんて映っていなかったが、ロケの翌週に番組の検証コーナーを設けて再び問題の写真を映すと、また何件も問い合わせがあり、またしても全員同じように「小さな女の子がいる」と伝えてきたのであった。

アジャリの森から……

北野誠

十三、四年前、「おまえら行くな。」のロケで、北野誠は阿闍梨《あじゃり》の森という場所へ行った。情報提供者は高槻《たかつき》生まれの女性漫画家・葉月京《はつききょう》。彼女によれば高槻にはアジャリ族という古代人の古墳跡があり、そこに建つ神社の鎮守の杜で首吊り自殺する者が絶えないということだった。

訪れてみれば一見ふつうの稲荷神社の裏に、大小の墓石が数え切れないほど建っていた。墓石群の背後は鎮守の杜。どれにも大神や阿闍梨などの文字が刻まれ、ロープを掛けやすそうな枝を生やした木々の根もとにまで墓石が迫っていた。

――彼の首に紐が巻きついた写真や、狐目の髪の長い女が彼の右隣に寄り添っている写真を監督から見せられたのは、収録後のことである。

紐と女は金色の光を放ち、見るからに禍々《まがまが》しかった。そんな写真を見れば、悪いものに取り憑かれたのではないかと怯えてしまいそうなものだが、むしろ彼は歓迎した。

心霊現象を自ら体験したいと常日頃から思っていたのだ。従って、寺や神社でお祓いを受ける気はさらさらなかった。一ヶ月ほど後に再会した葉月京が霊視を能くする占い師を伴ってきたので、「女の人が憑いていますか？」とその占い師に訊ねたら即座に「憑いています。祓いましょう」と言われたときにも、迷わず断った。

彼の意志は固く、ロケから三ヶ月あまり経ったある日、品川駅のホームで女の声に「飛び込んで。飛び込んで」と耳もとで囁かれても動じなかった。あの狐目の女だと直感しつつ「やかましいわ」と声に出して言い返すとピタリと声がやんだので、放っておいたのである。

それからしばらくして中山市朗との共演による怪談イベントが大阪のプラネタリウムで開かれた。そのとき初めて人前でアジャリの森で撮れた心霊写真について語ったところ、「今、僕には金色に輝く狐目の女が憑いていますよ」と言った途端に、プラネタリウム特有の重厚な扉が、一つは弾けるような勢いで全開し、もう一つはスッと半分開いた。

だが誰も入って来ない。分厚い扉がひとりでに二つ同時に開いたのである。

後に支配人が彼に語ったところでは、会場から連絡を受けて駆けつけたら、全開した方の扉の前に立っていた金色に輝くものが振り向くようなしぐさをし、よく見ると髪の長い女の形をしていた。それが目の前でポワーッと消えたので、心底怖かったとか……。

このときも彼はやり過ごした。しかし、それから間もないある夜、憑き物がごく身近に迫ったと思うほかないことが起きた。

大阪で深夜まで仕事をして東京に戻れなくなり、実家にある自分専用の離れの二階に泊まったところ、一階からカリカリと獣が爪で木を引っ掻くような音が聞こえてきたのである。

SNSに「下から音がする」と投稿したら「見に行ってください」とフォロワーからリプライがあったので二度も階下に行ってみたが、二度とも一階に行くと音が止んでいて、室内にも変わったところが見受けられなかった。

もう深夜零時を過ぎており、翌日も朝から予定が立て込んでいた。父はすでに亡く、こんな夜更けに、母屋に独りで住んでいる老母を起こすほどのことでもないと彼は判断した。

翌朝も、母に要らぬ気遣いをさせたくなかったので、黙って離れから出勤した。

だが、その日の仕事を終えて、夜、東京の自宅で休んでいたら、当の母から電話があり、

「おまえ、結婚してんのにアカンで。昨日、離れに泊まったやろ。女を連れ込んだんとちゃう？離れを掃除しに行ったら金髪に染めた髪の毛が一階の和室にいっぱい落ちてたで、ギョッとしたわ。たちの悪い女をうちに連れてきて、ほんまロクなことしないなぁ」

と、一息にまくしたてられたのであった。

母を納得させるのに苦労した彼は、結局、とある神社でお祓いを受けたとのこと。

――一説によれば、アジャリの森のアジャリは「味張《あじはり》」が変音したもので、紀元六世紀の頃、安閑天皇の使者を騙して領地を守ろうとした国造・大河内味張が、その罪科として、毎年春と秋が巡ってくるたびに領民五百人を天皇に献上したという逸話に由来するそうだ。

納め口上「幕引き」

一編でも愉しんでいただければ怪談屋冥利に尽きるなどと前口上に書いたが、本音を申し上げれば、二編でも三編でも、なんなら全部ご堪能いただだいて差し支えない。

本書は実話怪談集で、要は短編集の一種である。

この本には三十九編を所収した。

ひと口に怪談と言っても一ページに納まる掌編もあれば中編に近い長さの作品もある。内容やテイストも、現代社会の一端を垣間見るような話、幻想小説の味わいのある話、推理小説めいてサスペンスフルな話、SFXを駆使しなければ映像化できない現象が起こる話、民話的もしくは童話的な話、と、多種多様。

舞台も北海道から九州まで、時代背景も昭和から令和までと、一様ではない。

というわけで、手前味噌だが、どんな読者さんでも親近感を覚える話が一つや二つは見つかるのではないかと思う。

登場人物にも不足はないはず。彼ら、十八人のインタビュイーは「屋」呼ばわりされる謂れのない賢者ぞろいで、おしなべて語りが巧みであり、時に含蓄《がんちく》に富み、時に軽妙で笑いを誘い、実際にお話を伺っている最中はドラマを観ているかのようであった。

人の褌《ふんどし》で相撲を取るなら、せめて上手に取らねばならぬ。読者さんが臨場感を味わいつつご高読いただけるように努めたつもりだ。もしも面白くなければ私の筆力が及ばなかったせいである。

この本が成立し得たのは、ひとえに素晴らしいインタビュイーの皆さんのお蔭だ。ぁみさん、一龍斎貞寿さん、牛抱せん夏さん、鎌倉泰川さん、北野誠さん、桜井館長さん、島田秀平さん、城谷歩さん、津村聡子さん、中山市朗さん、夏目大一朗さん、早瀬康広さん、深津さくらさん、満茶乃さん、まつむら眞弓さん、村上ロックさん、柳家花ごめさん、吉田悠軌さんに対しては、いくらお礼を申し述べても足りるものではない。

皆さんのご協力に心より感謝している次第である。

最後に、担当編集者の糸賀蓉子さんに、こんな奇天烈な企画を受け容れて自由に書かせてくださった上に、ずいぶん原稿をお待ちいただいたことに深謝申し上げたい。

——怪談屋怪談、まずはこれにて幕になります。お気をつけてお帰りくださいませ。

川奈まり子

作家。東京都八王子市出身。ルポルタージュ的手法で怪異の体験者と場所を取材し、これまでに5000件以上の怪異体験談を蒐集。近年は怪談の語り手としても活動。怪談の著書多数。日本推理作家協会会員。怪異怪談研究会会員。主な著作に『家怪』『迷家奇譚』『少年奇譚』『少女奇譚』（晶文社）、『東京をんな語り』（KADOKAWA）、『僧の怪談』『八王子怪談』「一〇八怪談シリーズ」「実話奇譚シリーズ」（竹書房）、『宵坂つくもの怪談帖』（二見書房）、『実話怪談でる場所』『出没地帯』（河出書房新社）。

ブックデザイン ― 天池 聖（drnco.）
本文DTP ― ステラ
印刷／製版 ― 平河工業社

本書プロフィールページに掲載したQRコードは、読み取る機器の環境などによってはうまくアクセスできない場合がございますのでご了承ください。

怪談屋怪談

怖い話を知り尽くした18人が語る舞台裏と実体験

2024年6月5日　初版第1刷発行

著　者　川奈まり子
発行者　池田圭子
発行所　笠間書院
〒101-0064
東京都千代田区神田猿楽町2-2-3
電　話　03-3295-1331
FAX　03-3294-0996

ISBN 978-4-305-71013-0

乱丁・落丁本は送料弊社負担でお取替えいたします。
お手数ですが、弊社営業部にお送りください。

https://kasamashoin.jp